히 어 로 액 션 코 딩 학 습 만 화

초판 1쇄 인쇄 2019년 11월 30일
초판 1쇄 발행 2019년 12월 23일

글 이준범	**경영총괄** 김은영	**출판등록** 2013년 11월 1일 제406-2013-000112호
그림 김기수	**콘텐츠개발본부장** 채정은	**주소** 경기도 파주시 회동길 357 2층
감수 이정	**콘텐츠개발1팀** 최은영 전희선 김민지 인우리	**전화** 02-703-1723 **팩스** 070-8233-1727
추천 한국공학한림원	안성모 이혜원 남정임 이정아	**종이** 월드페이퍼 **인쇄** 민언프린텍 **제본** 정문바인텍
	마케팅본부장 도건홍	
펴낸이 김선식	**마케팅팀** 오하나 안현재	**정보글** 오원석
펴낸곳 (주)스튜디오다산	**채널홍보팀** 안지혜 정다은	**외주 디자인** 최지연
	영업본부장 오선희	
책임편집 김민지	**영업팀** 이선희 조지영 강민재	
디자인 이정아	**경영관리본부** 허대우 하미선 박상민	
	김민아 최완규	

ISBN 979-11-5639-823-3 77550

* 책값은 뒤표지에 있습니다.
* 파본은 본사와 구입하신 서점에서 교환해 드립니다.
* 이 책은 저작권법에 의하여 보호를 받는 저작물이므로 무단 전재와 복제를 금합니다.
* 이 시리즈는 산업통상자원부의 지원을 받아 NAEK 한국공학한림원과 ㈜스튜디오다산이 발간합니다.

품명: 도서	**제조자명**: (주)스튜디오다산	**제조국명**: 대한민국	**전화번호**: 02-703-1723
주소: 경기도 파주시 회동길 357 2층		**제조년월**: 2019년 12월	**사용연령**: 8세 이상

※ KC마크는 이 제품이 공통안전기준에 적합하였음을 의미합니다.

히어로 액션 코딩 학습 만화

코디맨
엔트리

09 디버깅의 반격

글 이준범 | 그림 김기수
감수 이정 | 추천 한국공학한림원

만화만 보면, 코딩이 술술 풀린다!

- ▶ 코딩 학습에 필수 불가결한 세계관 창조!
- ▶ 만화에 녹아든 학습 내용은 영상(QR 코드)으로 확인!
- ▶ 한국공학한림원이 추천한 도서!
- ▶ 실전 연습이 가능한 '엔트리 실행 카드' 여섯 장 수록!

본문 만화
흥미로운 만화에 녹아든 학습 내용

만화 속 개념
개념으로 정리, 사고를 확장

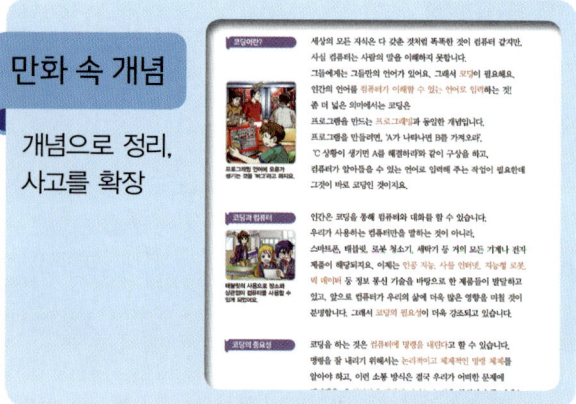

워크북
다양한 코딩 문제 풀기

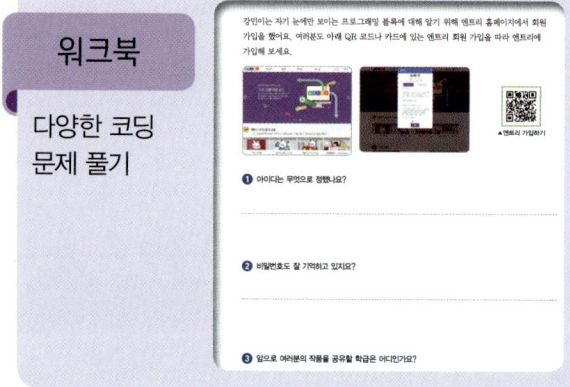

실행 카드
실전 연습이 가능한 실행 카드 여섯 장

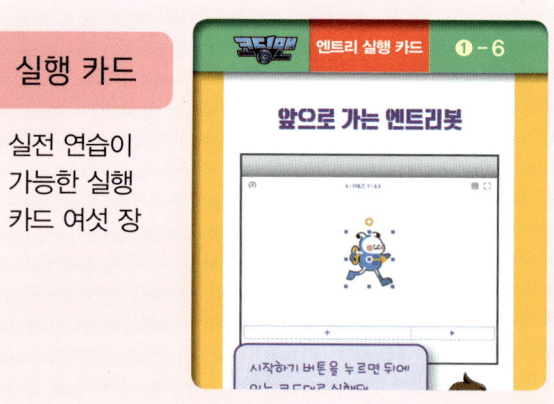

이렇게 중요한 코딩이 재미있습니다!

스티브 잡스 (애플 창업자)
"이 나라 모든 사람은 코딩을 배워야 합니다.
코딩은 생각하는 방법을 가르쳐 줍니다."

버락 오바마 (미국 전 대통령)
"비디오 게임을 사지만 말고 직접 만드세요.
휴대폰을 갖고 놀지만 말고 프로그램을 만드세요."

팀 쿡 (애플 대표)
"외국어보다 코딩을 먼저 배워라.
코딩은 전 세계 70억 인구와 대화할 수 있는 글로벌 언어이기 때문이다."

추천 합니다

이정 (서울 대광 초등학교 교사)
'4차 산업 혁명'이라 일컫는 지금 이 시대를 살아가는 인류라면 코딩에 대해 정확하게 알 필요가 있고, 흥미를 붙여야 할 것입니다. 《코딩맨》시리즈는 초등학생들이 가지고 있는 코딩에 대한 막연한 생각을 흥미롭게 풀어낸 책이라고 생각합니다. 학생들은 주인공 유강민을 통하여 코딩에 대해 친숙함을 느낄 것이고, 만화와 연계된 적지 않은 개념이 학습에 큰 효과를 줄 것으로 기대합니다.

권오경 (한국공학한림원 회장)
한국공학한림원은 기술 발전에 현저한 공을 세운 공학 기술인을 발굴하고, 그와 관련된 학술 연구와 지원 사업을 위하여 설립된 특수 법인 단체입니다. 바야흐로 인공 지능 시대입니다. 전 세계적으로 코딩 교육 열풍이 일고, 우리나라도 교과 과정에 소프트웨어와 코딩이 포함되면서 그에 대한 관심이 폭증하고 있습니다. 《코딩맨》시리즈는 코딩 교육의 시작점에 함께 서 있다고 볼 수 있습니다. 또한 이 책은 컴퓨터 지식과 코딩, 엔트리가 재미있는 스토리에 녹아든 최초의 학습 만화이기 때문에, 코딩에 흥미를 느끼지 못한 학생이라도 '코딩이 어떤 것인지 알고 싶다'라는 생각이 절로 들 것이라 생각합니다.

엔트리 소개

4차 산업 혁명 시대,
코딩 교육은 선택이 아닌 필수!

4차 산업 혁명 시대 오늘날, 정보 통신 기술과 인공 지능, 로봇, 빅 데이터 등의 기술이 융합되며 신기술과 산업이 개발되고 있습니다. 이에 맞는 인재 양성을 위해 많은 나라에서 코딩 교육을 시작하였습니다. 코딩 교육은 창의적인 아이디어를 키우고, 아이디어를 현실화할 수 있도록 논리적이며, 체계적으로 표현하는 방법을 익히는 교육입니다.

초·중·고 코딩 교육 의무화!

초등 교과에 코딩 교육이 의무화되며 코딩 교육은 선택이 아닌 필수인 시대가 되었습니다. 블록형 프로그래밍 언어인 '엔트리'는 우리나라에서 개발하였으며, 초등학교부터 대학교까지 많은 교육 기관에서 컴퓨팅 사고력을 키우는 도구로 활용되고 있습니다. 엔트리는 한글 구문에 맞춰 만들어졌기 때문에 글을 쓰듯이 블록을 이어 코딩할 수 있습니다.

ㄴ + ㅏ = 나

'ㄴ' 과 'ㅏ'가 만나 '나'가 되는 것처럼 블록을 조립하기만 하면 아주 다양한 결과를 볼 수 있습니다.
블록들로는 시작, 흐름, 움직임, 생김새, 붓, 소리, 판단, 계산, 자료 등이 있지요.
블록들을 연결함으로써 내가 만든 캐릭터가 말하고, 움직이는 것을 확인할 수 있는 재미도 있습니다.

▶ 스크래치와 엔트리

블록형 프로그래밍 언어에는 미국에서 개발한, 엔트리와 가장 닮은 성격의 '스크래치'가 있습니다. 그렇다면 스크래치와 엔트리의 차이점에 대해 알아볼까요?

스크래치		엔트리	
동작	시계 방향 회전과 반시계 방향 회전으로 나뉘어 있어요.	움직임	양수를 입력하면 시계 방향으로, 음수를 입력하면 반시계 방향으로 회전해요.
연산	엔트리보다는 명령 블록이 적지만, 그래도 여러 개의 명령 블록을 이어 만들 수 있어요.	계산	스크래치보다 명령 블록이 더 많아 적은 명령 블록을 사용하면 돼요.
형태	색깔 효과, 어안 렌즈, 소용돌이, 픽셀화, 모자이크, 밝기, 투명도의 효과를 줄 수 있어요.	생김새	색깔, 밝기, 투명도 효과만 줄 수 있어요. 또한 상하 또는 좌우로 뒤집을 수 있어요.
소리	소리를 편집할 수 있어요.	소리	소리 편집은 조금 기다리면 지원 될 거예요.

코딩 교육 의무화에 맞춘 엔트리 학습의 시작!
코딩맨과 함께 그 첫걸음을 나아가세요!

등장 인물

코딩맨(유강민)
어느 날부터 특별한 코딩 능력을 얻은 주인공. 인간 세계를 지키기 위해 디버킹과 새로운 작전을 실행한다.

주예린
주인공 유강민의 단짝 친구. 버그에게 감염당해 상급버그가 되지만, 코딩맨의 도움으로 인간의 모습을 되찾는다.

레이카
디버킹의 특수 요원. 코딩맨의 발전을 묵묵하게 지켜보는 인물로 버그킹덤에서 팀을 이끌며 멋진 활약을 펼친다.

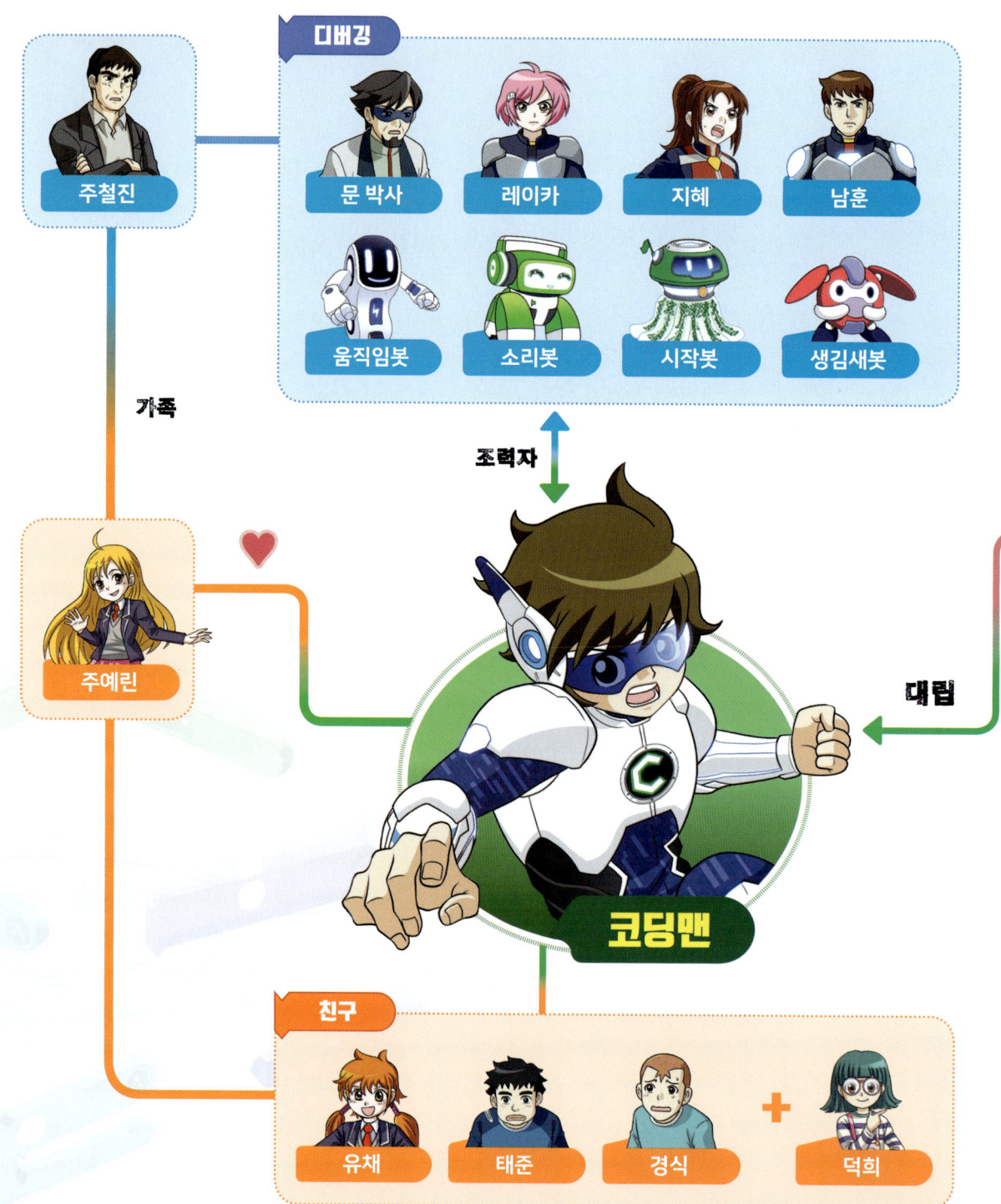

엔트리봇 VS 엔트리버그

움직임버그의 껍질로 만든 디버깅의 인공 지능 로봇. 코딩맨과 정신 연령이 같아 자주 싸우지만 누구보다 코딩맨을 믿고 의지한다.

움직임봇

소리버그의 껍질로 만든 인공 지능 로봇. 사람이 느낄 수 없는 음파와 진동까지 감지할 수 있다.

 **소리봇**

시작버그의 강력한 픽셀 공격을 접목하여 만들어진 로봇으로 몸이 픽셀화되어 있다.

시작봇

생김새 블록의 특성을 살려 크기나 색상을 바꿀 수 있는 로봇으로 고무 소재로 만들었다.

생김새봇

흐름버그 — 흐름 블록 꾸러미에 있는 명령 블록에 특화된 상급버그. 버그킹덤의 두 번째 상급버그로 엑스버그의 명령을 수행하기 위해 인간 세계로 간다.

움직임버그 — 움직임 블록 꾸러미에 있는 명령 블록에 특화된 상급버그. 버그킹덤이 만든 최초의 상급버그다. 오브젝트를 회전시키거나 원하는 위치로 이동할 수 있다.

생김새버그 — 생김새 블록 꾸러미에 있는 명령 블록에 특화된 상급버그. 오브젝트의 생김새를 바꿀 수 있다.

소리버그 — 소리 블록 꾸러미에 있는 명령 블록에 특화된 상급버그. 오브젝트의 소리를 바꿀 수 있다.

시작버그 — 시작 블록 꾸러미에 있는 명령 블록에 특화된 상급버그. 몸을 자유자재로 바꿔 공격력을 강화시켰다.

변수버그 — 변수 블록 꾸러미에 있는 명령 블록에 특화된 상급버그. 공중을 자유롭게 날며 적을 공격한다.

계산버그 — 계산 블록 꾸러미에 있는 명령 블록에 특화된 상급버그. 가슴에서 강한 버그력을 내뿜는다.

판단버그 — 판단 블록 꾸러미에 있는 명령 블록에 특화된 상급버그. 무엇이든지 몸에 닿으면 물체의 형태를 바꿀 수 있다.

차례

intro ······ 16

① 지금부터 시작이야! ······ 23

② 버그킹덤의 세계 ······ 45

③ 할아버지는 누구세요? ······ 79

4 수수께끼 검은 망토 …… 105

5 엑스버그의 눈물 …… 137

만화 속 개념 …… 174   코딩맨 워크북 …… 176

정답과 해설 …… 180

이 책에 자주 등장하는 단어

#코딩   #버그   #초연결 사회   #바이러스   #관찰
#P2P   #웨어러블 로봇   #추상화   #패턴   #규칙
#디버깅   #엔트리   #오브젝트   #계산하기   #비교하기
#픽셀   #피보나치수열   #판단 블록   #계산 블록   #변수 블록

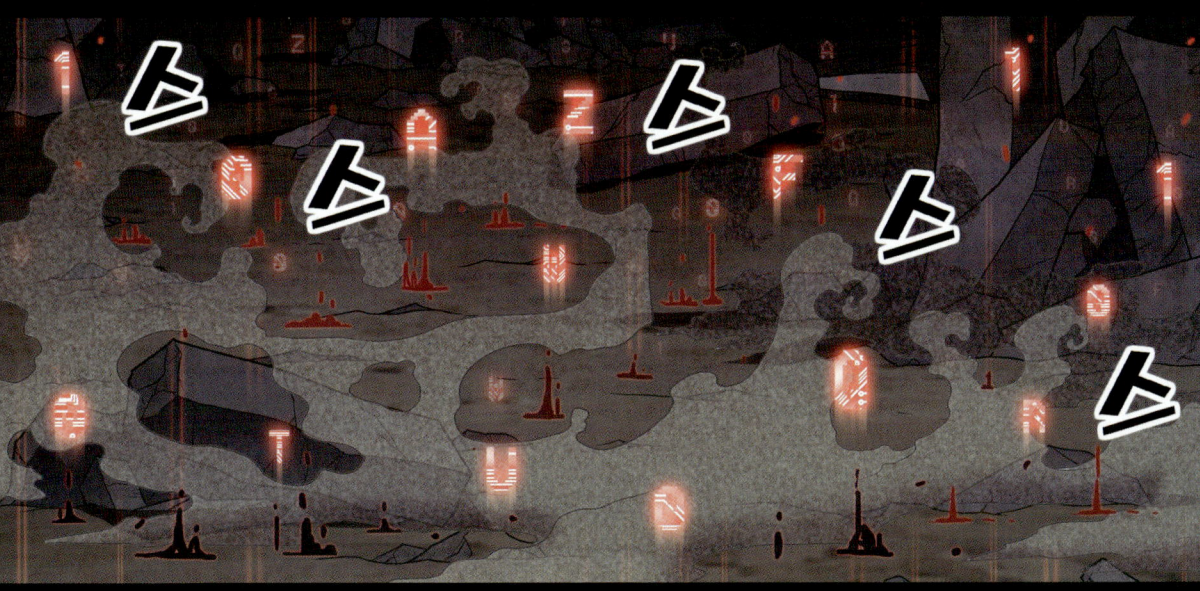

지난 이야기

어느 날, 평범한 초등학생 유강민에게 보이는
프로그래밍 언어.
강민은 버그에게 납치당한 예린을 구하기 위해
코딩맨이 되기로 결심한다.
한편, 인간 세계를 정복하려는 버그킹덤의 침략은
거세지기만 하는데…….
인간 세계의 평화를 위해 코딩맨이 나선다.
"버그킹, 꼼짝 말고 기다려!"

① 지금부터 시작이야!

무사히 버그킹덤에 도착한 코딩맨과 디버깅 요원들.
그들에게는 앞으로 어떤 일들이 펼쳐질까?

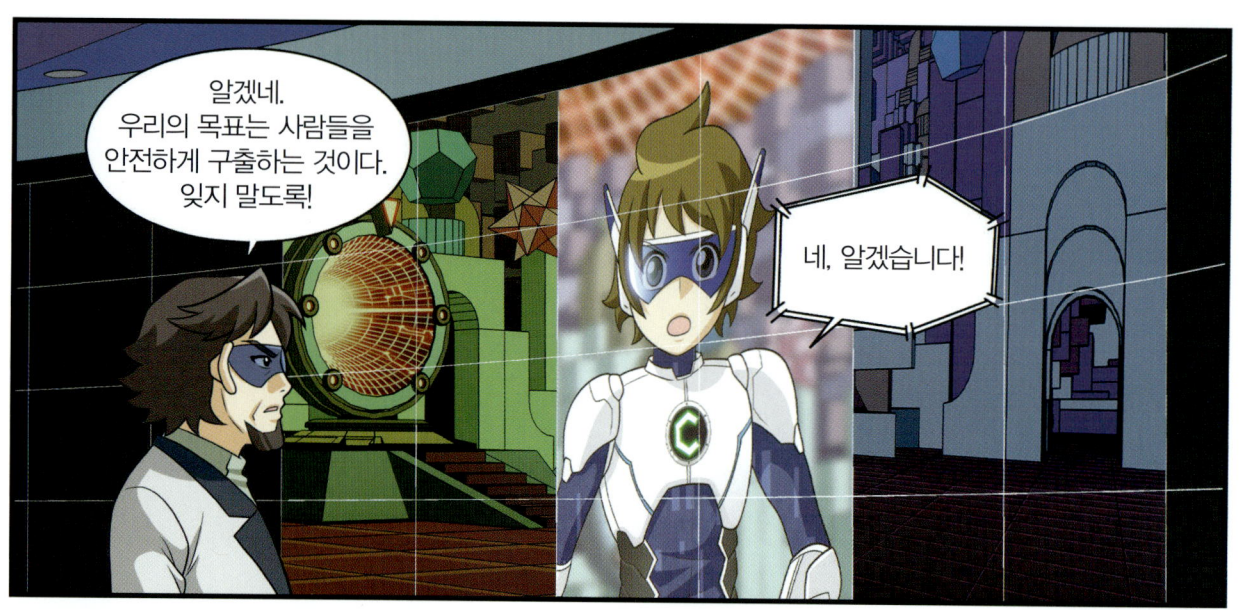

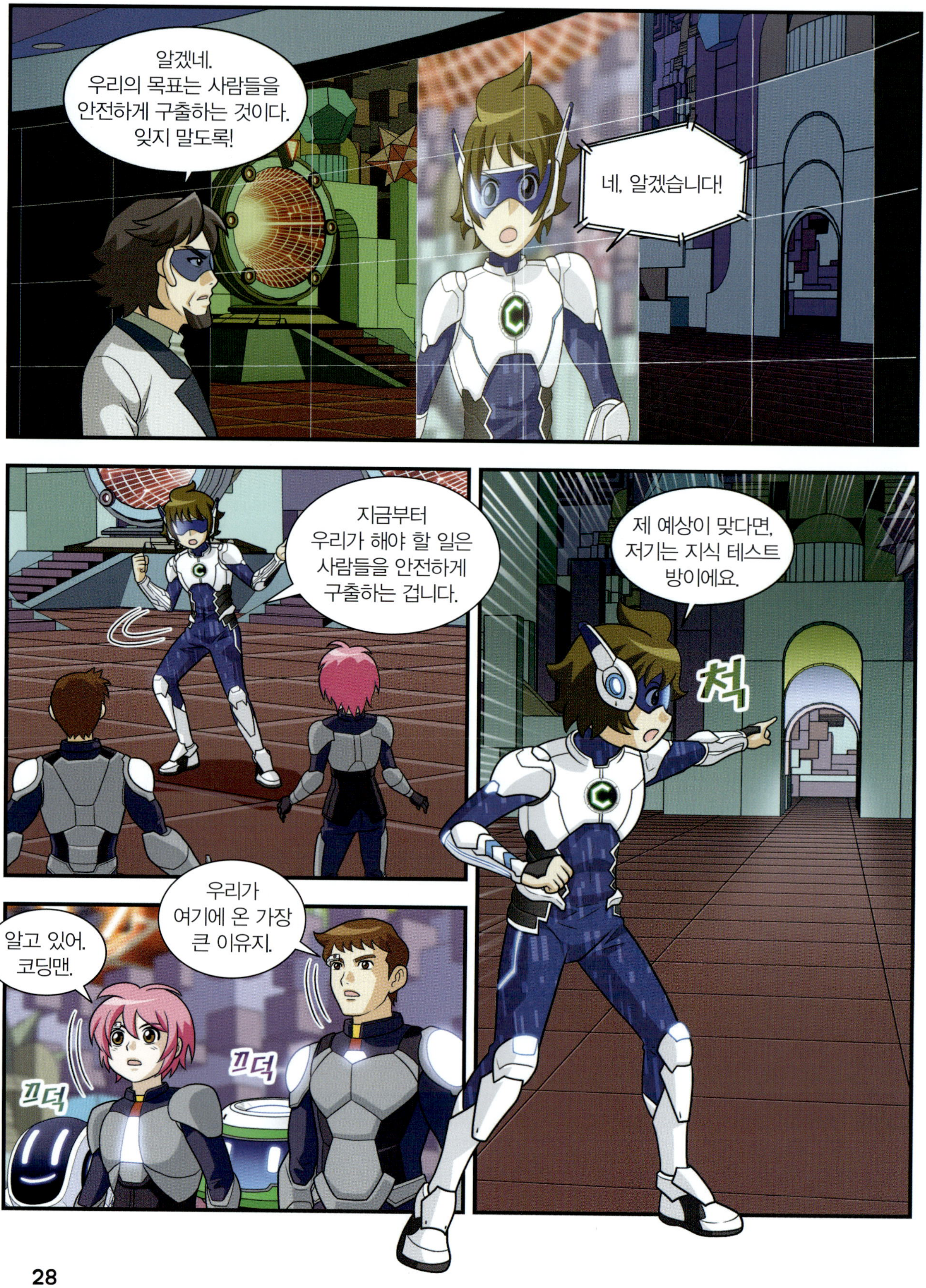

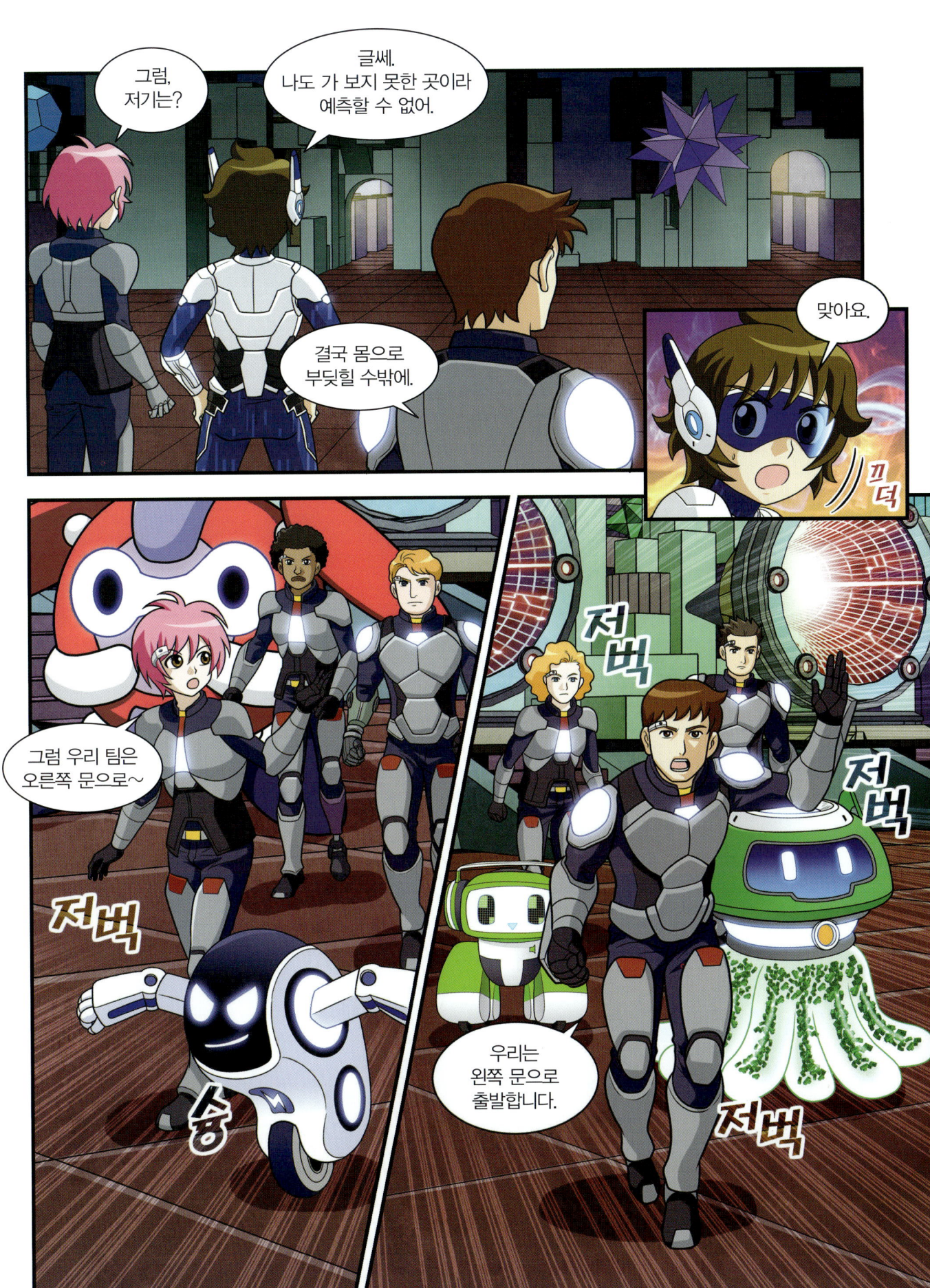

저는 나머지 요원들과 지식 테스트 방으로 갈게요.

알겠어, 코딩맨!

돌발 상황이 생기면 반드시 교신부터 하죠!

오케이!

윽

버그킹, 기다려. 널 반드시 박살 내고 말 거야.

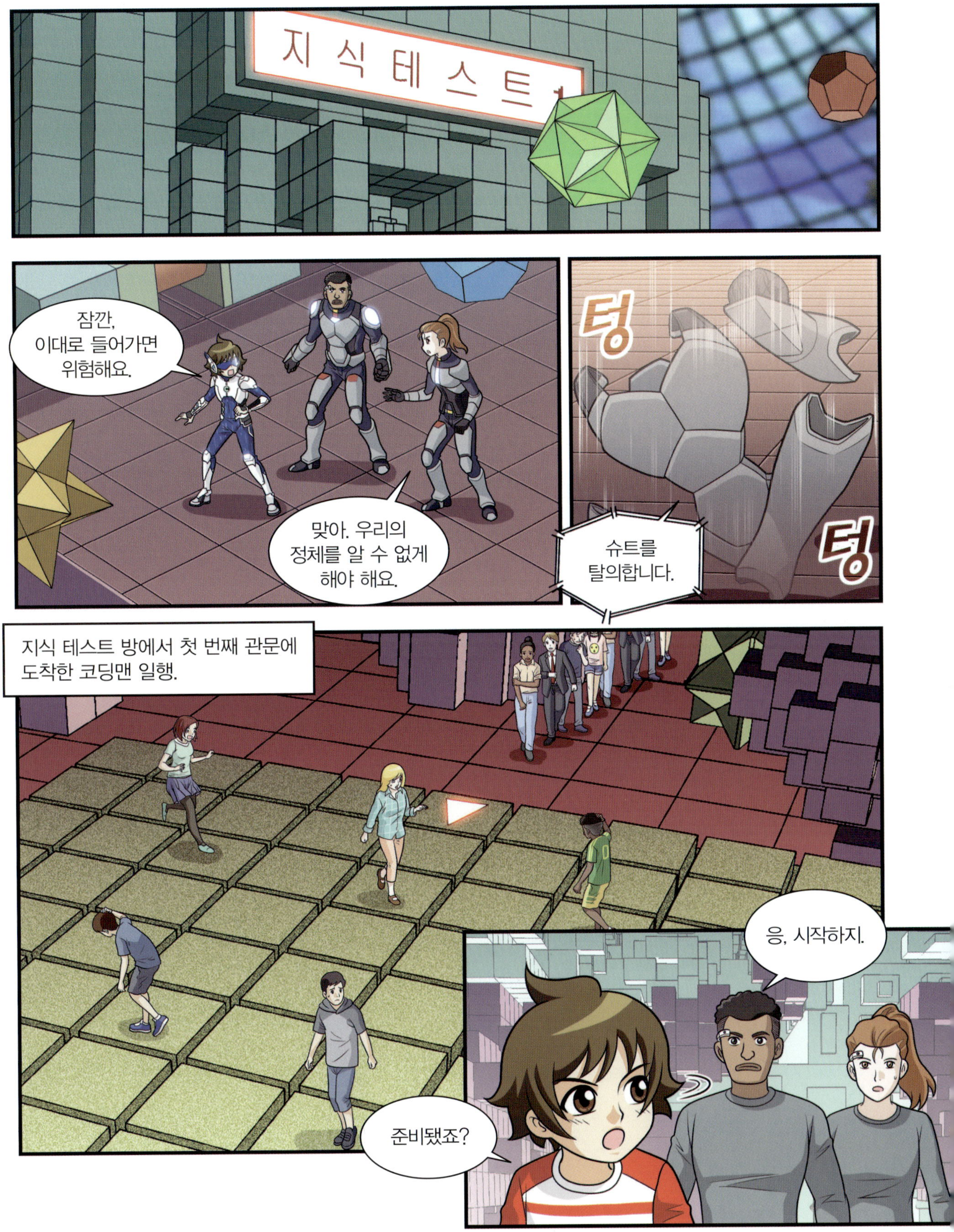

지 식 테 스 트

잠깐, 이대로 들어가면 위험해요.

맞아. 우리의 정체를 알 수 없게 해야 해요.

슈트를 탈의합니다.

텅

텅

지식 테스트 방에서 첫 번째 관문에 도착한 코딩맨 일행.

응, 시작하지.

준비됐죠?

만화 속 개념 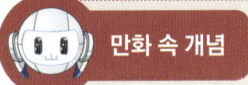 웨어러블 로봇은 근로자의 신체 부담을 줄여 주는 산업 현장이나, 장애가 있어 움직임이 불편한 사람에게 유용하게 쓰일 수 있답니다.

정보입력방

서둘러야 해요!

버그킹덤은 우리의 예상보다 훨씬 더 발전된 곳이야. 요원들이 잘 해낼 수 있을까?

버그킹덤의 세계

"우리가 알고 있던 버그킹덤이 아니야."
날이 갈수록 발전하는 버그킹덤,
여기서 굴복할 디버깅이 아니다.

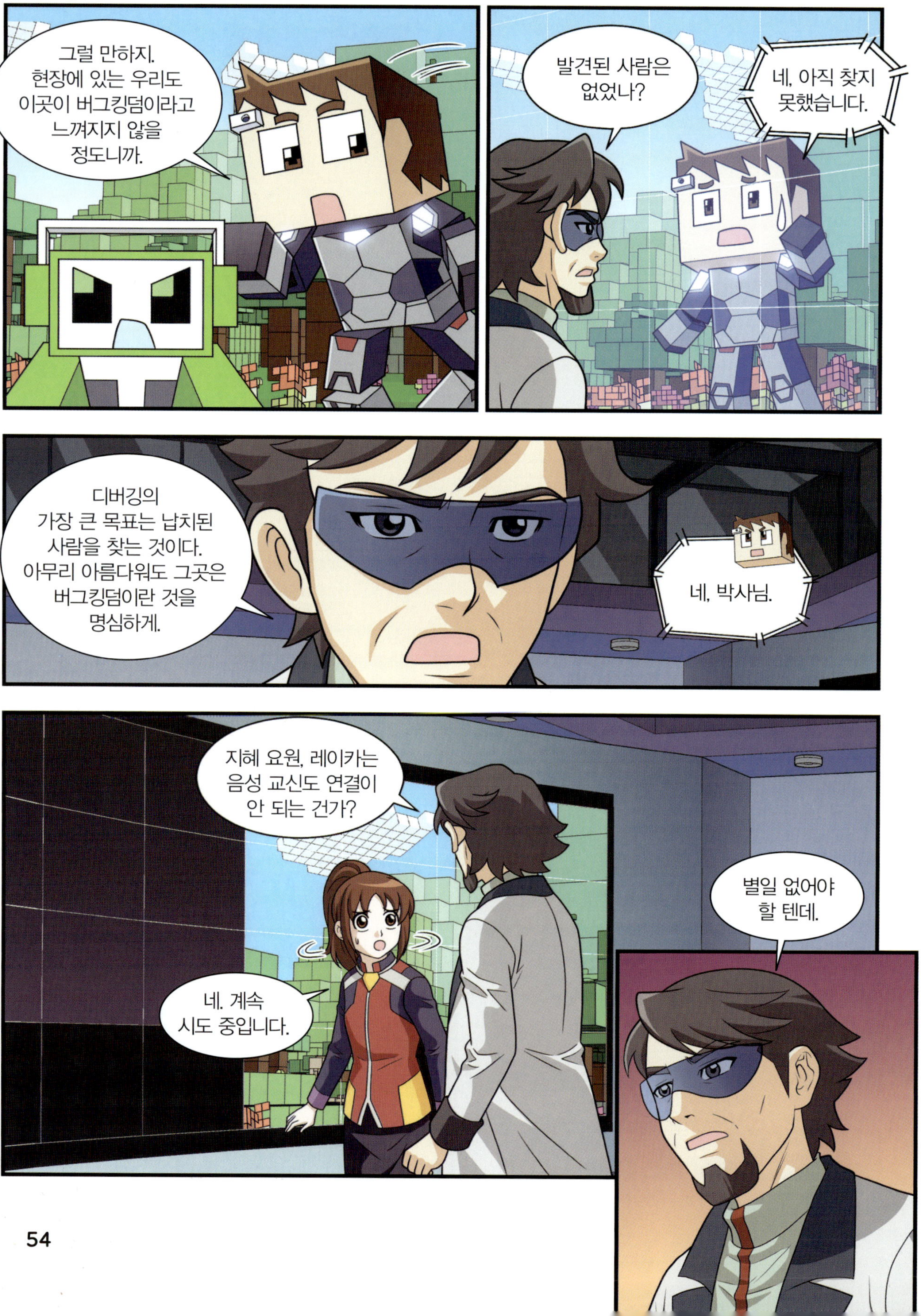

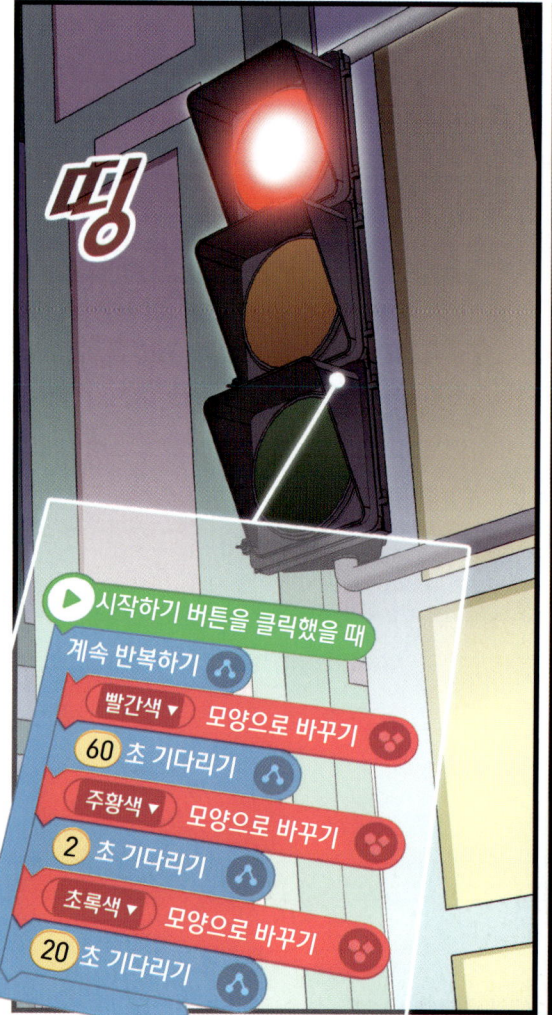

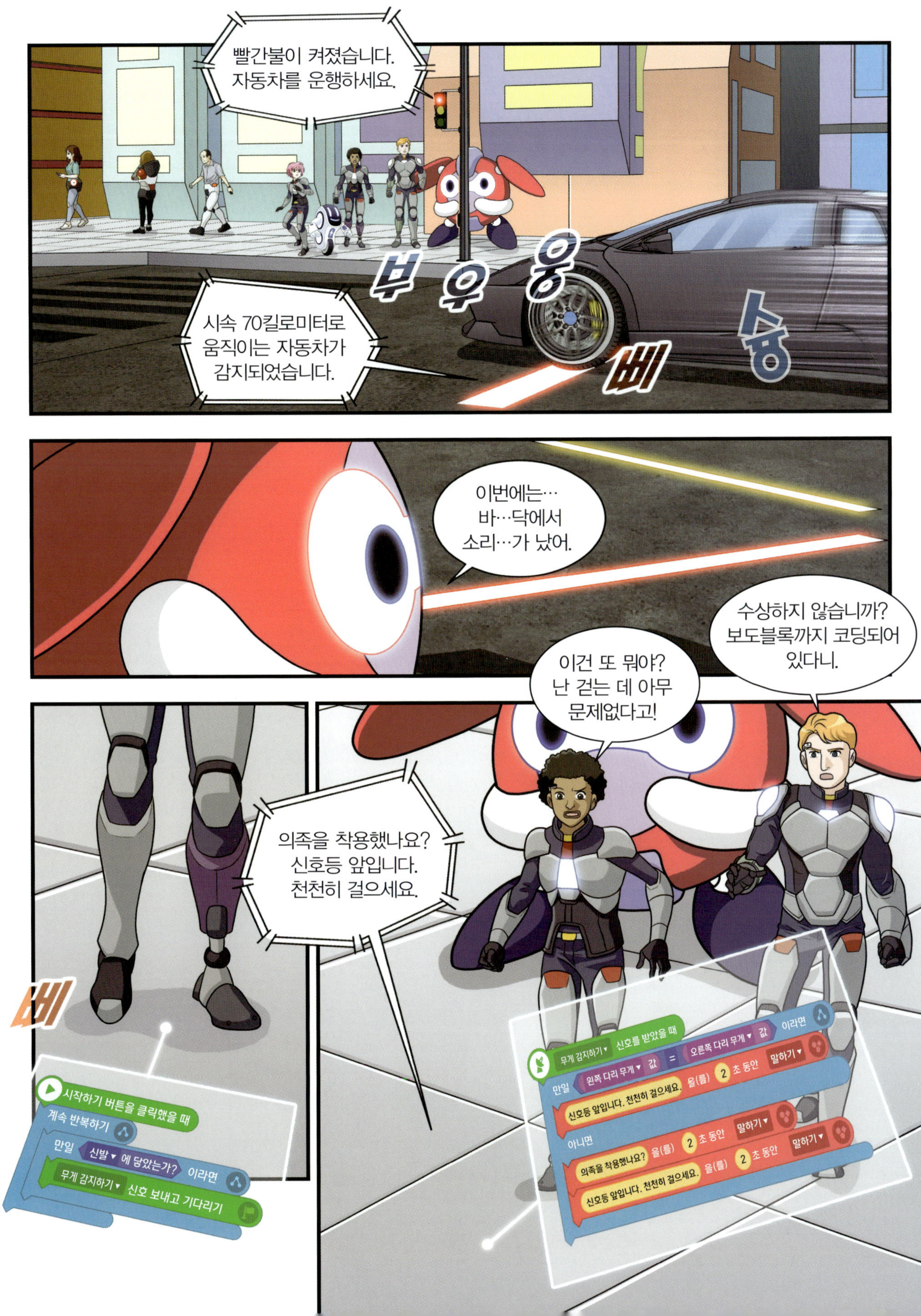

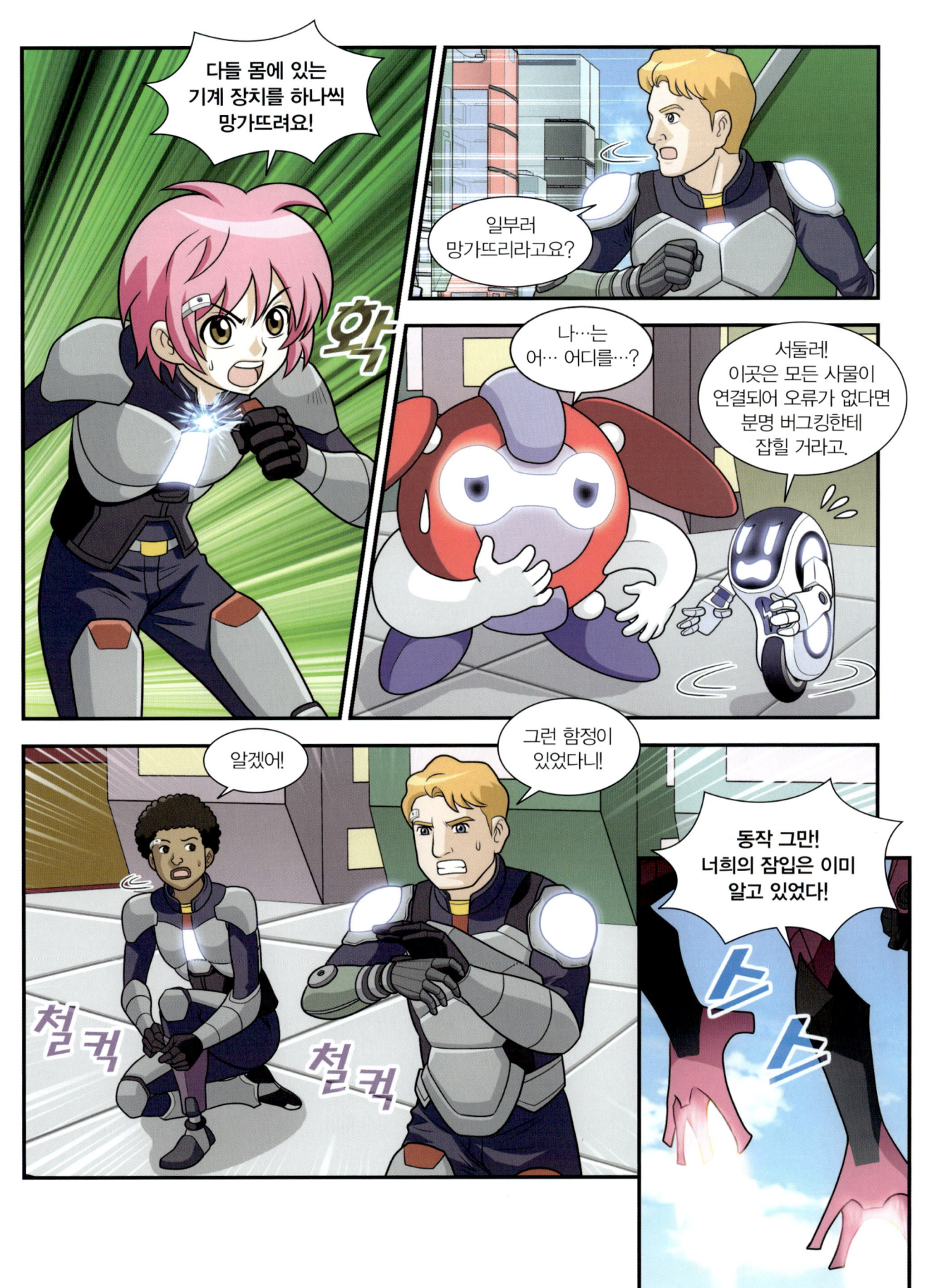

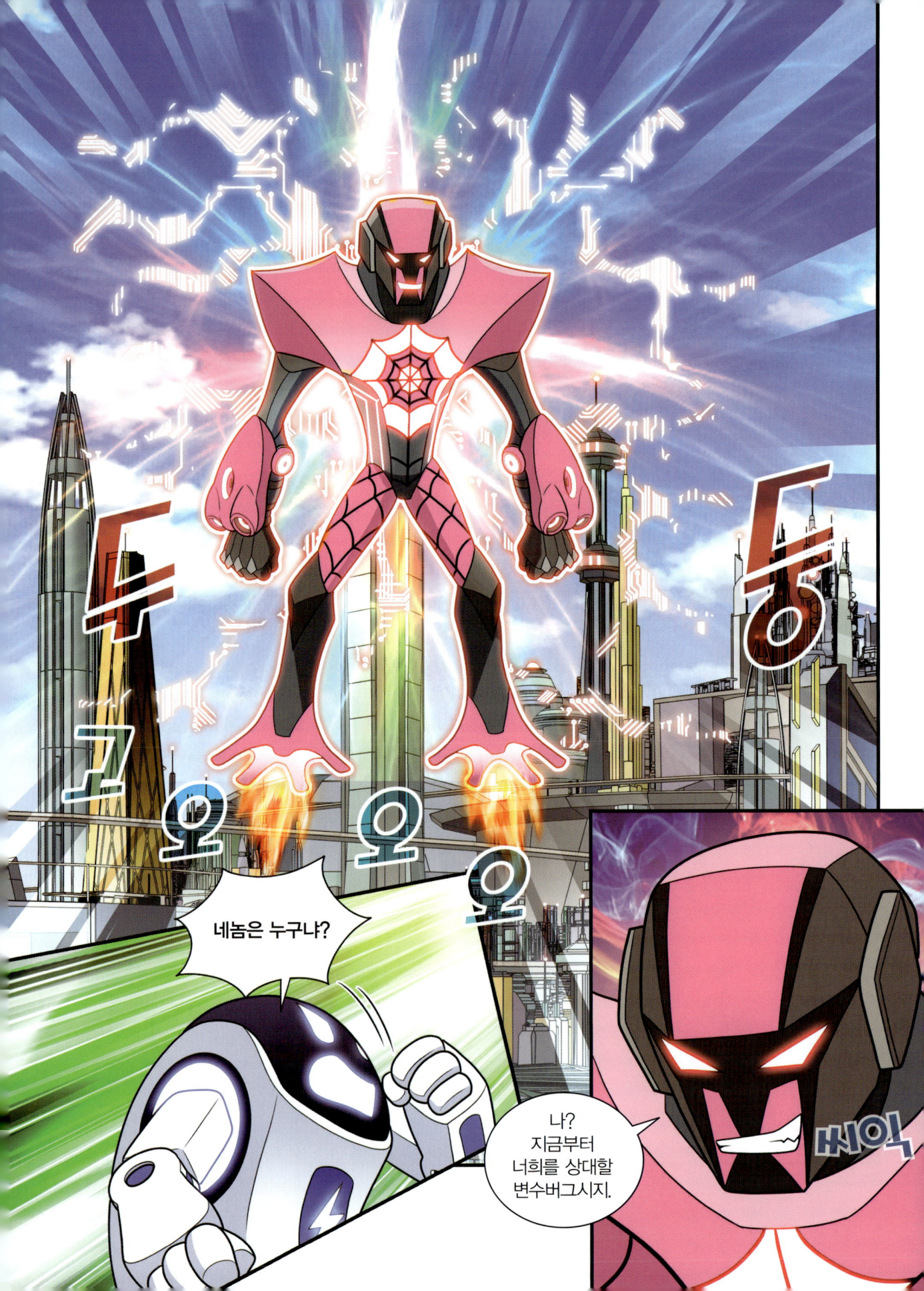

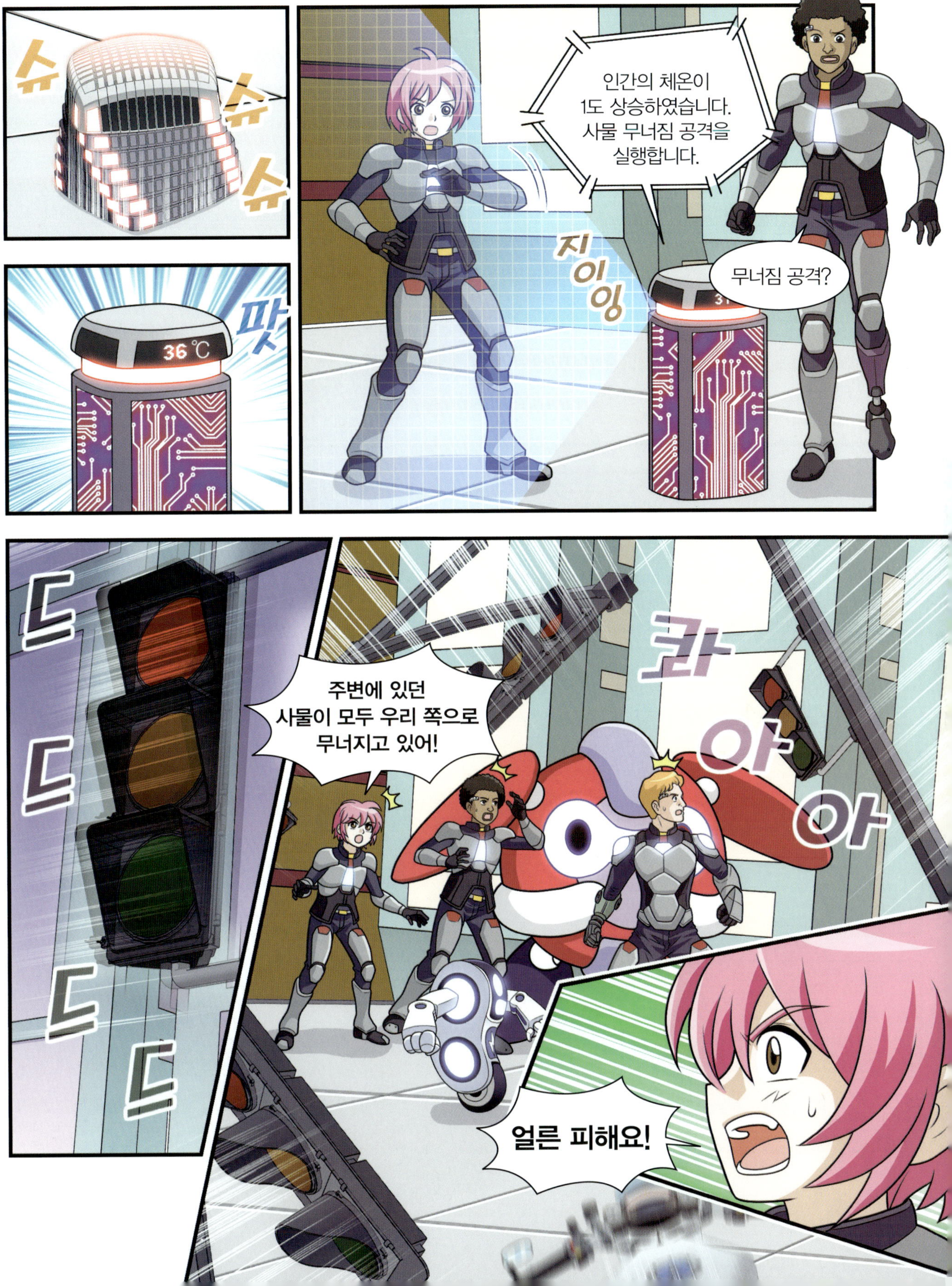

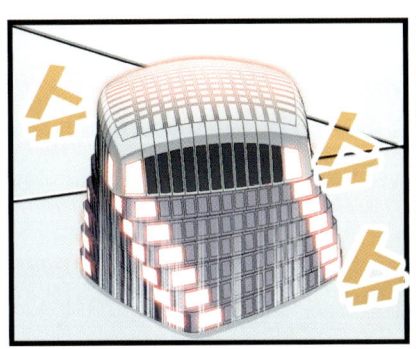

타앗

척 척 척

동시에 여섯 개의 발이 감지되었습니다. 스프링 공격을 시작합니다.

화악

스프링?

으아아~악!

텅영

받아라!

탓

빠… 빠르다.

스윽

8미터 높이에서 새로운 물체가 감지되었습니다. 방위 공격을 시작합니다.

무, 물체?

위이잉

적을 향해

슈아아

할아버지는 누구세요?

코딩맨을 돕기 위해 집을 찾아 나선 유채와 친구들.
그곳에서 만나게 된 할아버지는
무슨 사연을 가지고 있을까?

해결책이 없잖아요!

먼저 해 보는 수밖에!

역시 예상대로야.

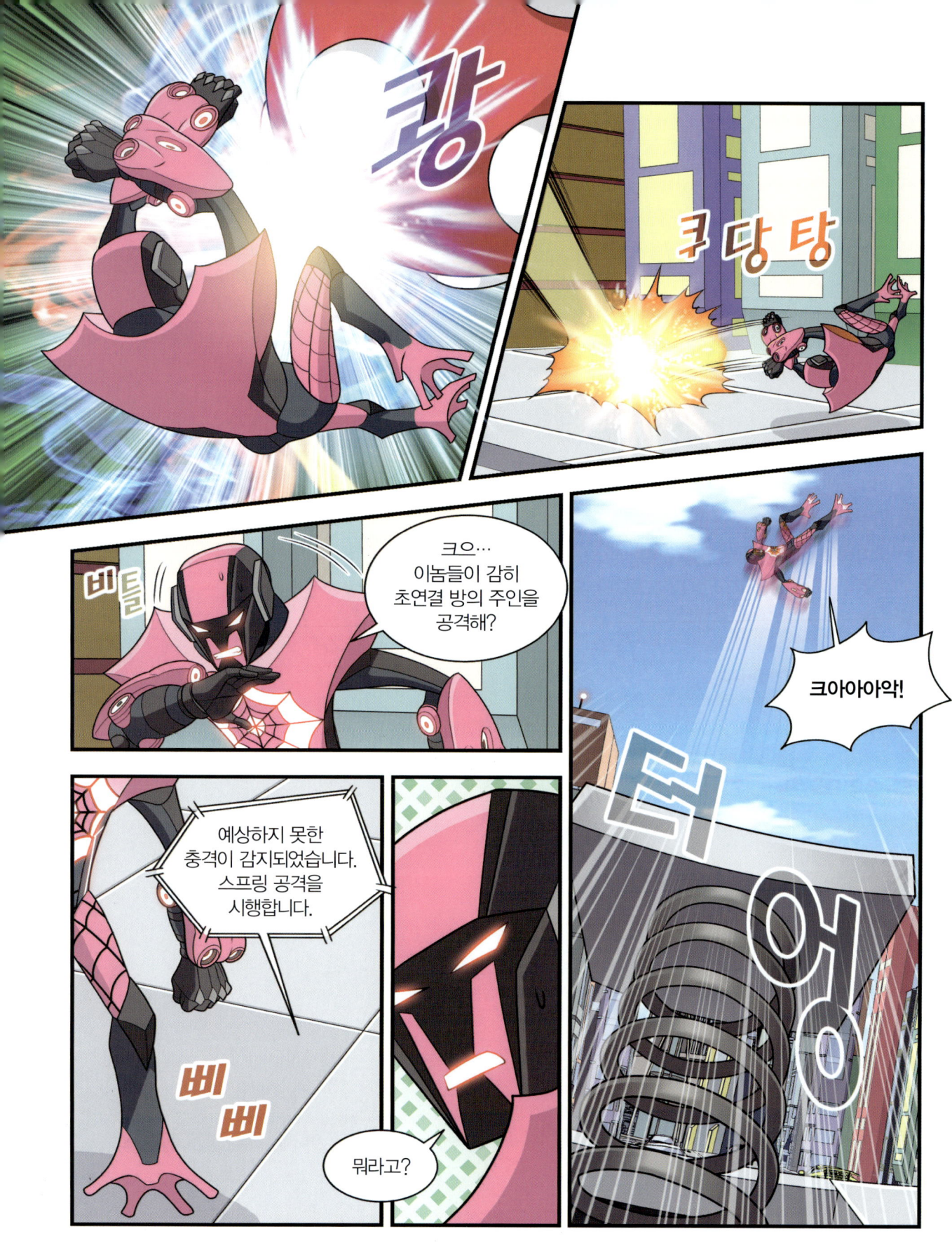

아무래도 여기에서 설정한 네트워크가 아니면 수신이 막히는 것 같아요.

아무 일 없었나? 왜 계속 연결이 안 됐던 거지?

지금은 변수버그를 물리치고 감염된 사람을 디버깅하는 중입니다.

고생했군!

별말씀을요, 아까 말씀해 주신 조언 덕분이죠.

조언이라니? 본부에서는 아무런 명령을 내리지 않았네.

네?

그럼 내게 교신한 사람은 누구지?

할아버지는 누구세요? **91**

* 행방불명: 간 곳이나 방향을 모름

수수께끼 검은 망토

디버깅이 위험에 처할 때마다 나타나는 의문의 검은 망토.
그의 정체가 궁금하다.
"누구냐, 넌?"

▲ 계산 블록 익히기

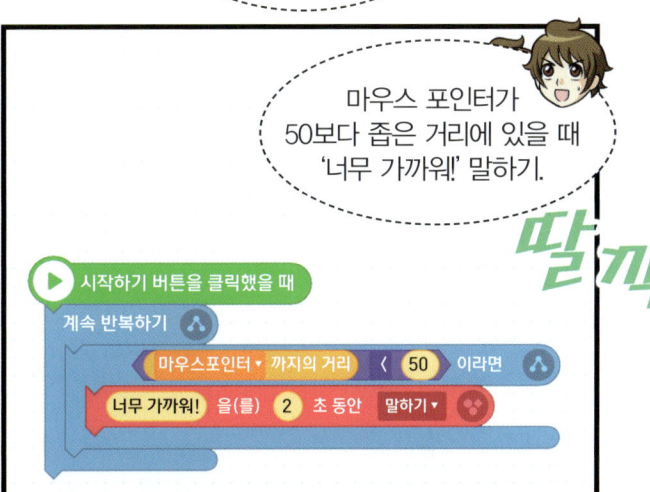

▲ 타이머 말하기

* 패턴: 일정한 틀이나 형태

 **만화 속 개념** 지그재그 선을 두 가지 색만 써서 여러 개 그려 보세요. 패턴은 일정한 규칙에 따라 만들어진답니다.

사람들을 감염시키는 것도 모자라 괴롭히기까지 하다니…!
우리가 용서할 수 없어!
각오하는 게 좋을 겁니다!
다
다
다
다
흐느적
까불지 말고 비켜, 비키라고!
휙
휙
그렇게 느린 공격으로는 우리를 감당할 수 없을 겁니다.
다
다
다
소리봇 님, 지금입니다!

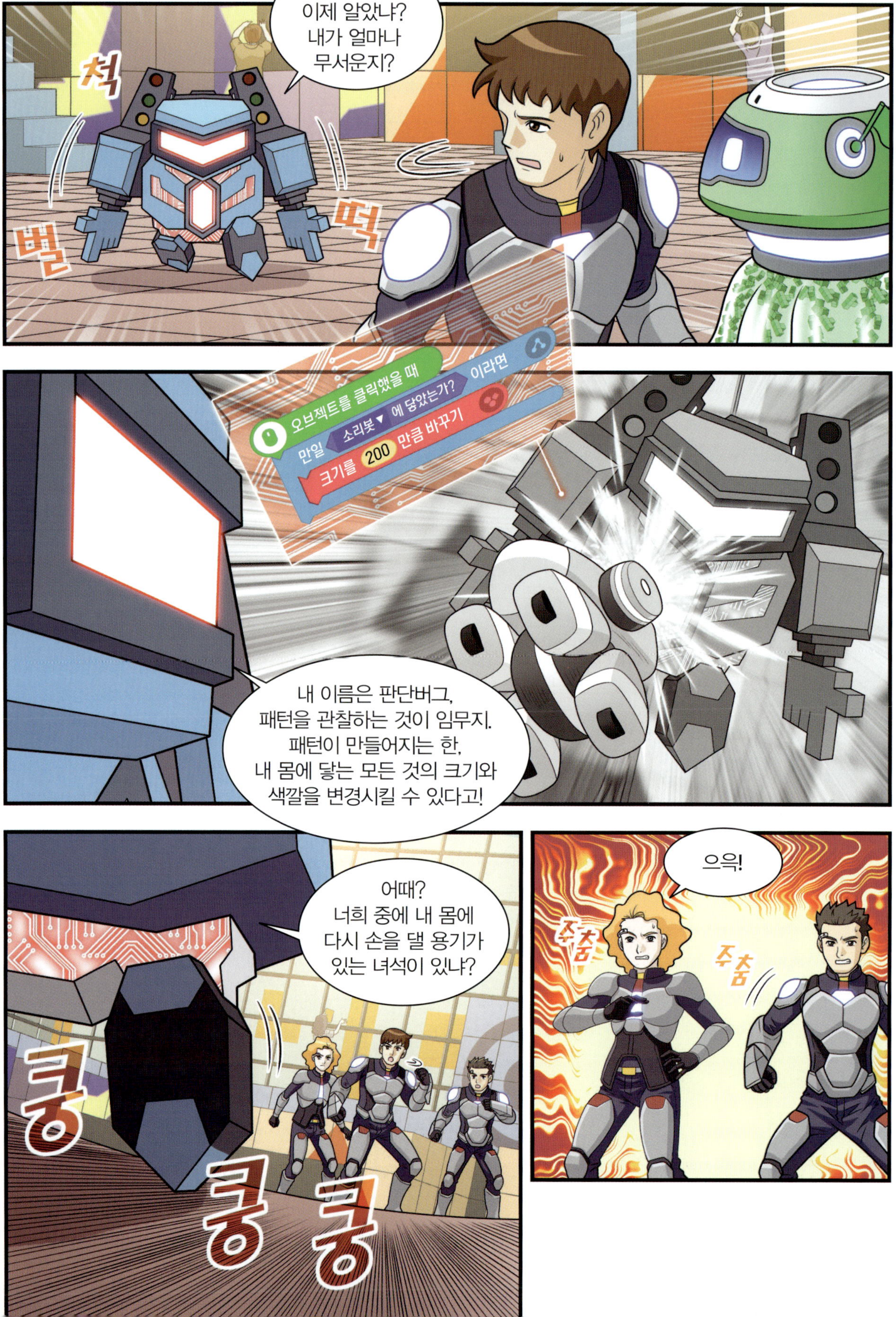

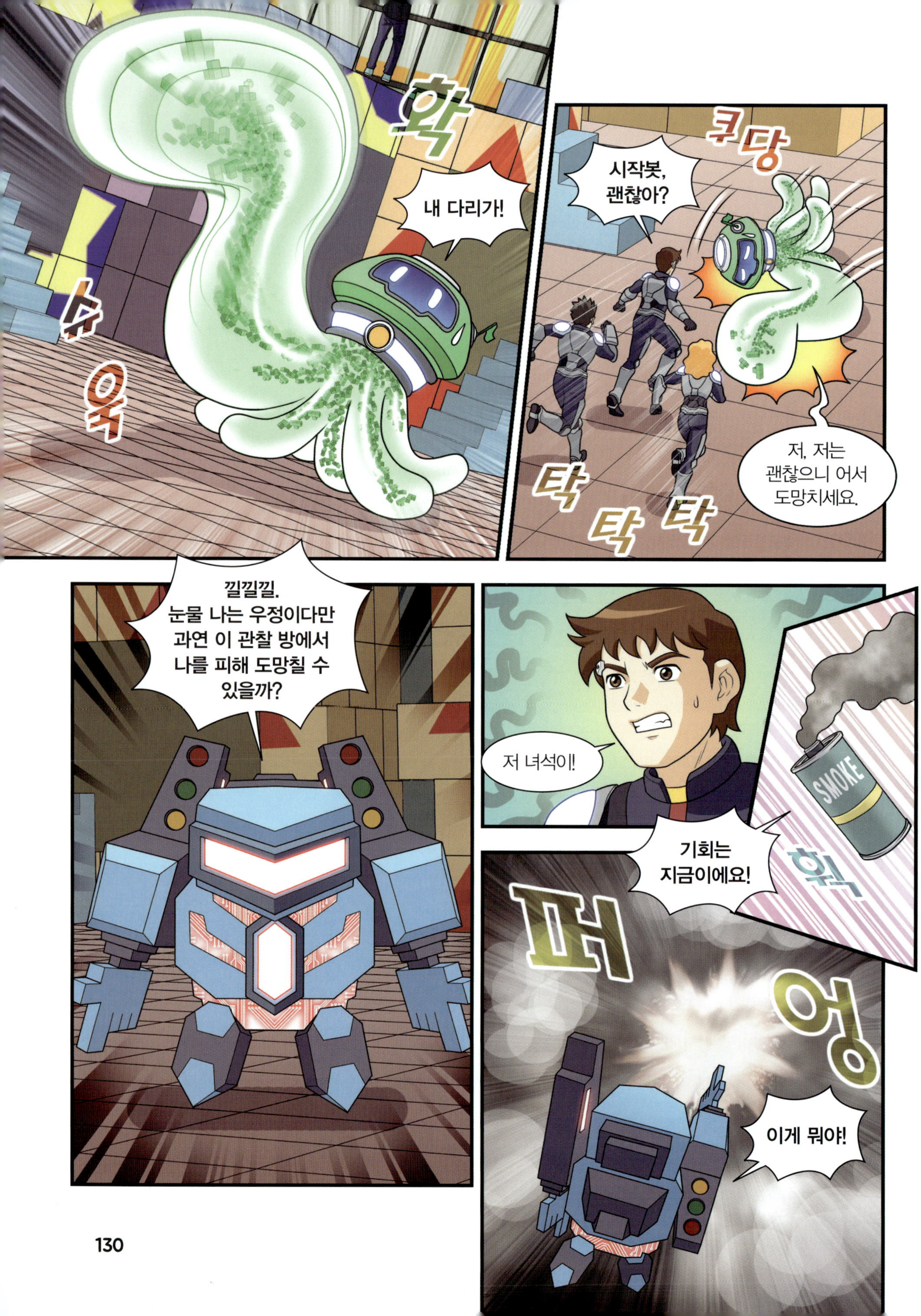

* 연막: 적에게 아군의 행동을 감추기 위하여 약품을 써서 피워 놓는 짙은 연기

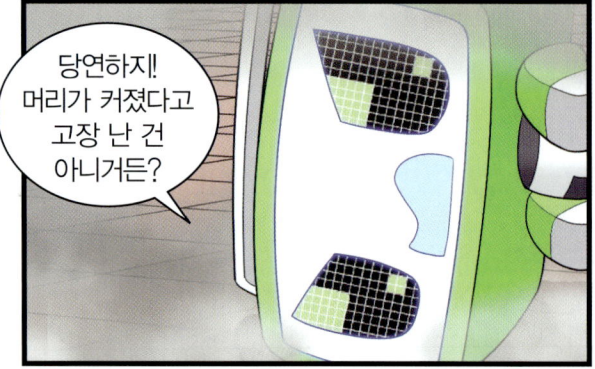

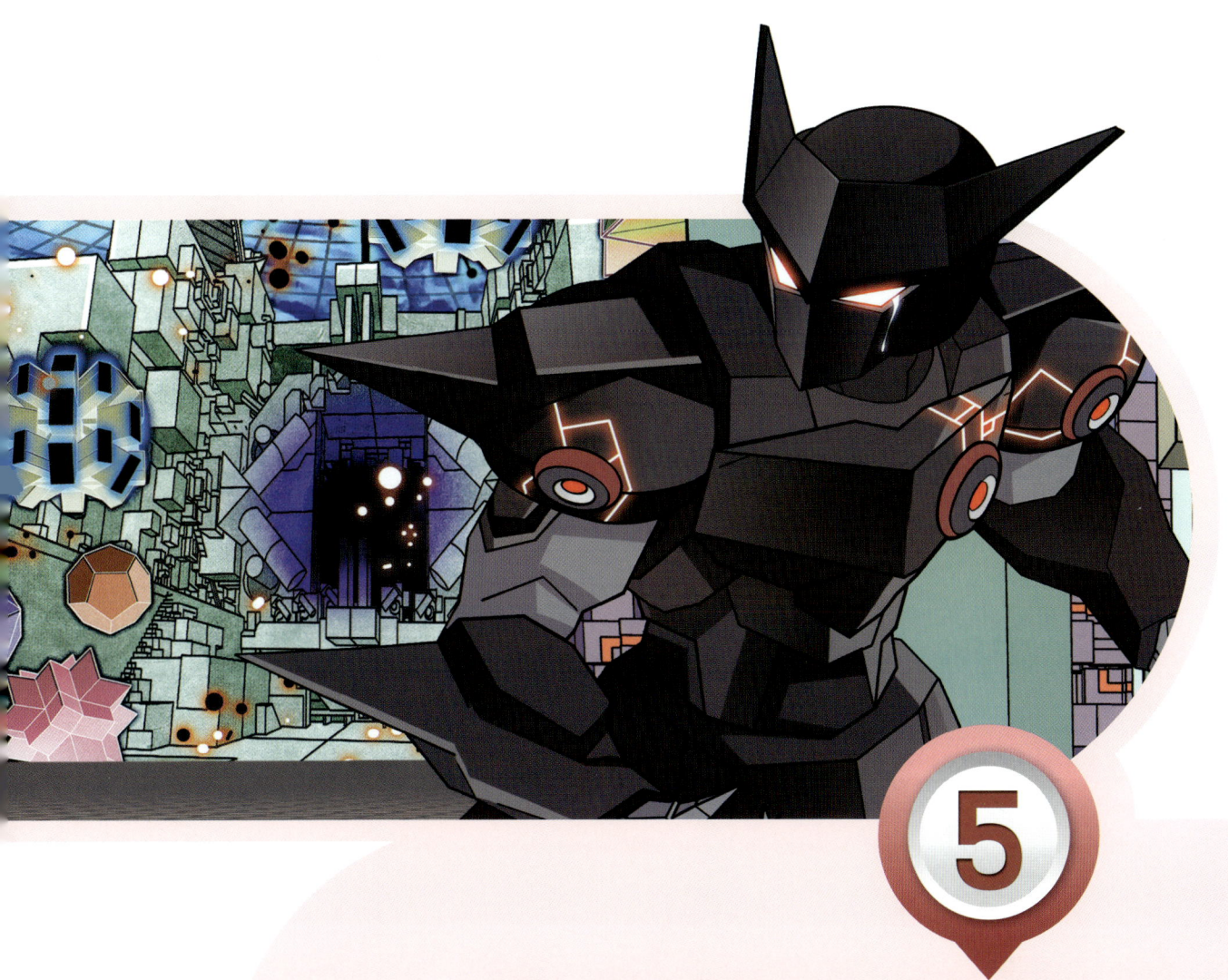

엑스버그의 눈물

비로소 드러난 버그킹의 음모.
이제는 지켜보고만 있을 수 없다.

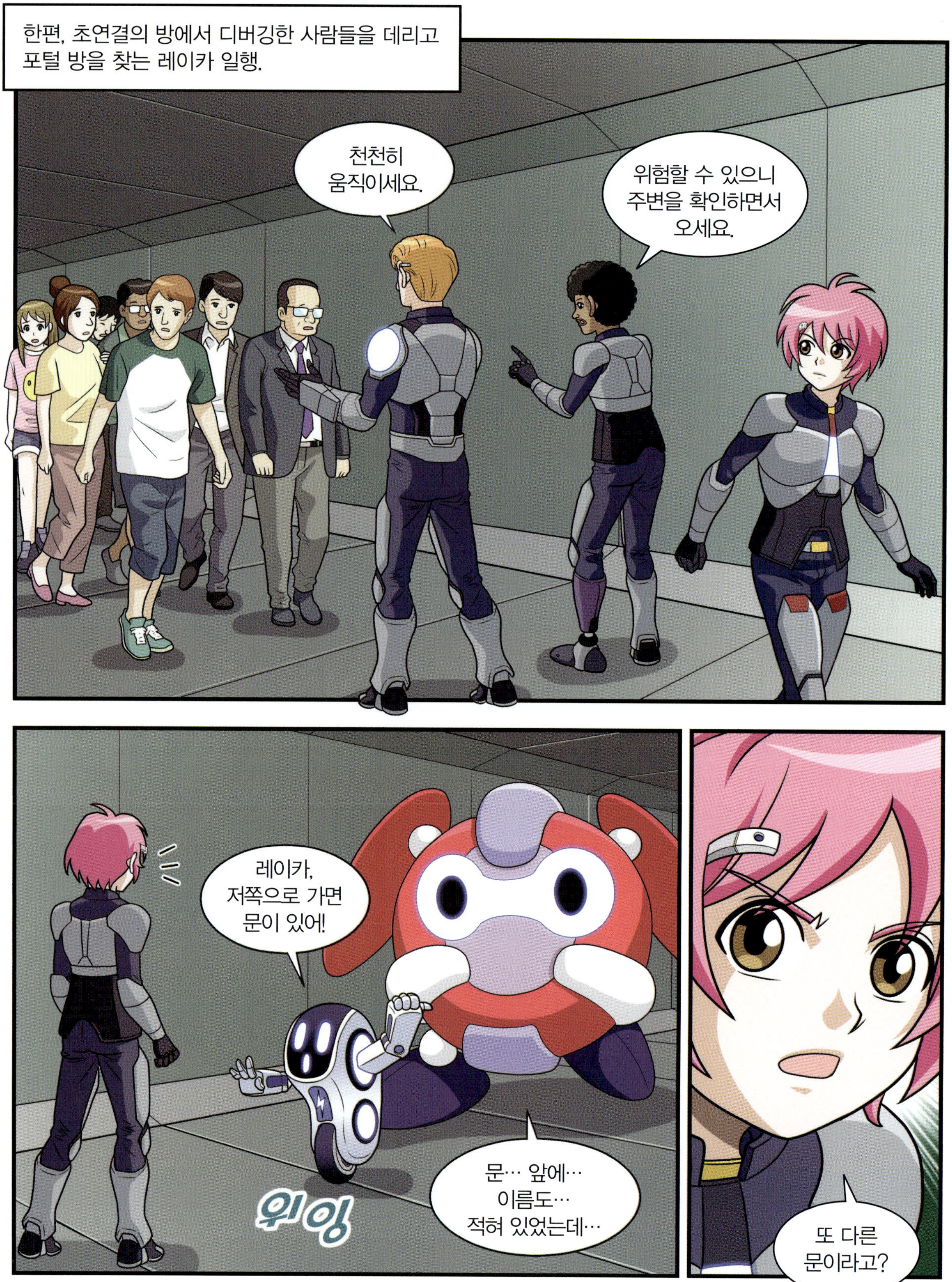

왠…지… 느낌이… 안 좋아. 왔던 길… 로… 다시 가자.

아니, 되돌아갈 수 없어. 저 안에 사람들이 있을지도 모르니까.

추상의 방

들어가자!

벌컥

추상의 방

여긴!!

확

추상의 방

초연결의 방

버그킹덤 기지

 만화 속 개념 — 우리가 알고 있는 버그는 바이러스와 어떤 차이가 있을까요? 174쪽에서 함께 알아봐요.

안 돼! 생김새봇, 지금 뭐 하는 거야!

으…헉, 이게… 어떻게 된… 거…지?

바보야, 색깔이 많을수록 양쪽에 해당하니 추상화가 빨리 진행되지!

아직 추상화되지 않은 사람들은 주변에 있는 도형을 가지고 출구로 나가세요!

알았어! 내가 먼저 가서 출구를 찾을게.

네!

엑스버그의 눈물 **145**

버그킹덤 기지

휴, 살았다.

내 몸이 원래대로 돌아오고 있어.

탕

슈왁

지잉

타앙

버그력 두 개가 동시에 날아왔습니다.

이제 안 봐준다!

낄낄낄. 바보 같긴. 아직도 모르고 있군.

응

타앗

가라, 계산 버그력!

슈아앙

획

핫

쇄액액

확

피할 수만은 없어.

계산버그의 공격을 멈춰야 해!

어떠냐? 이번에는 과연 몇 개의 버그력이 널 덮칠까?

계산 버그력이라고?

강민 님, 다음 버그력이 몇 개가 날아올지 모르면 이 승부는 이길 수 없습니다!

만화 속 개념 — 피보나치수열은 앞의 두 수의 합이 바로 뒤의 수가 되는 배열을 말해요. 이 배열은 꽃잎이나 해바라기 씨앗의 개수에서 찾아볼 수 있어요.

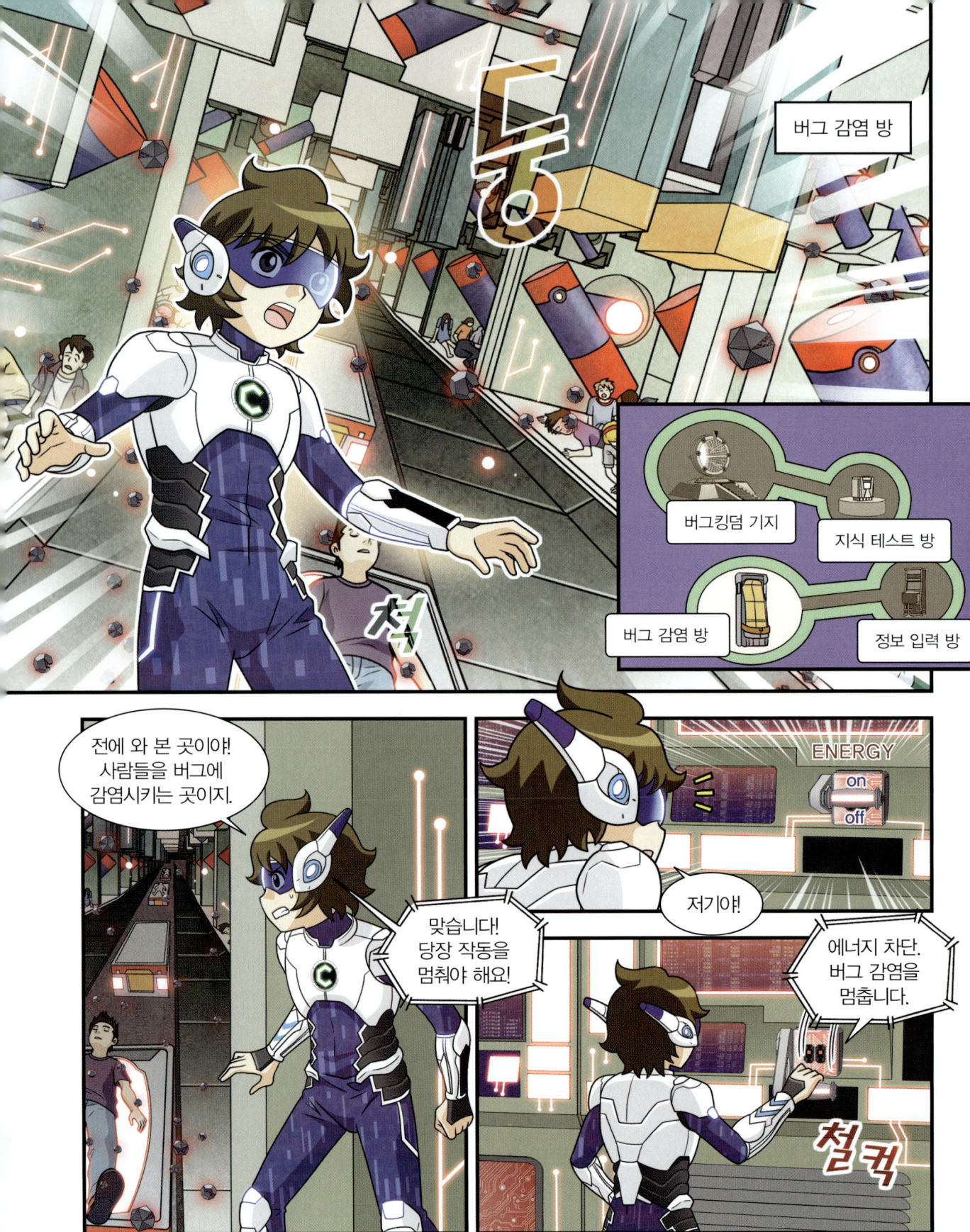

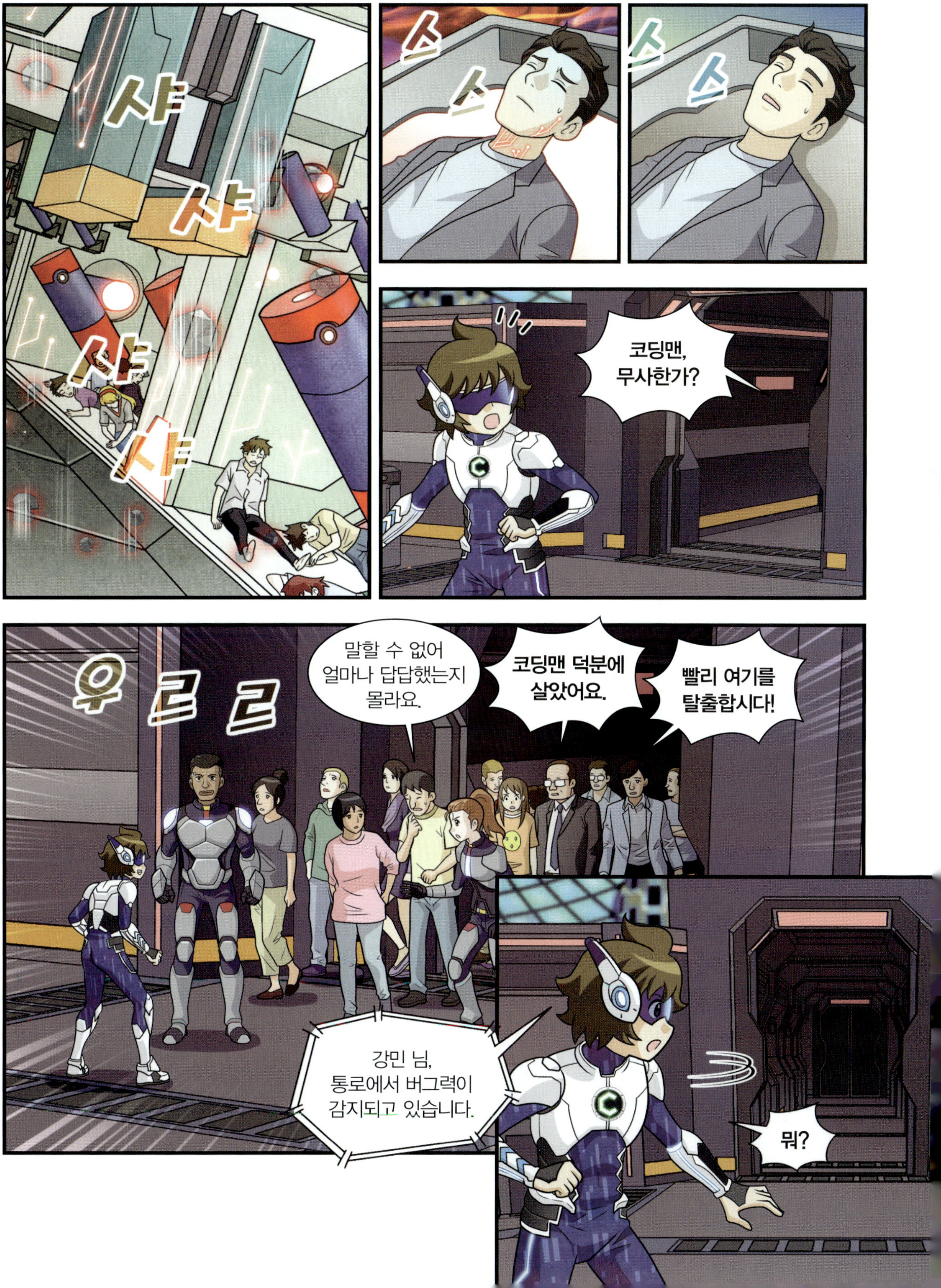

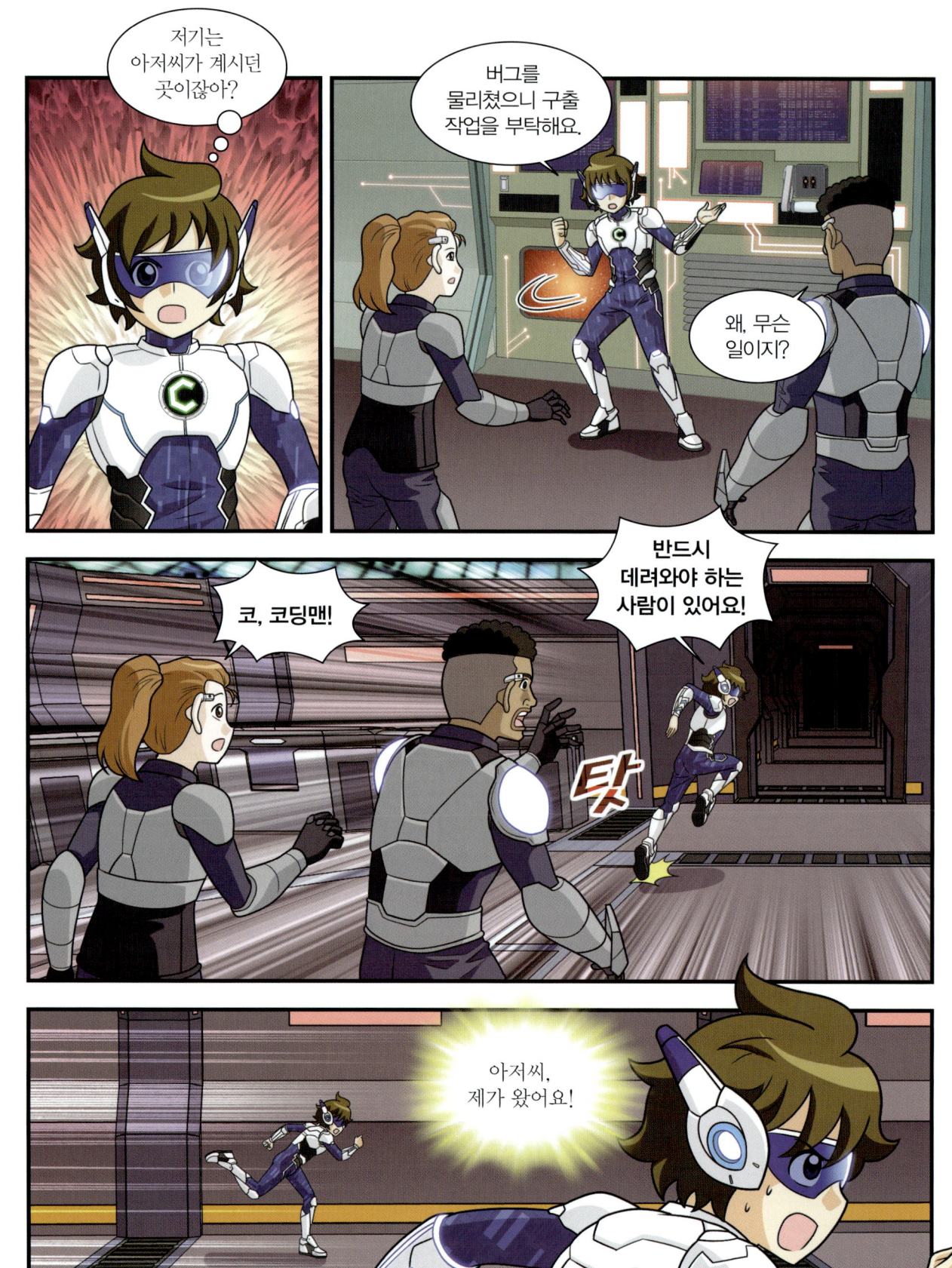

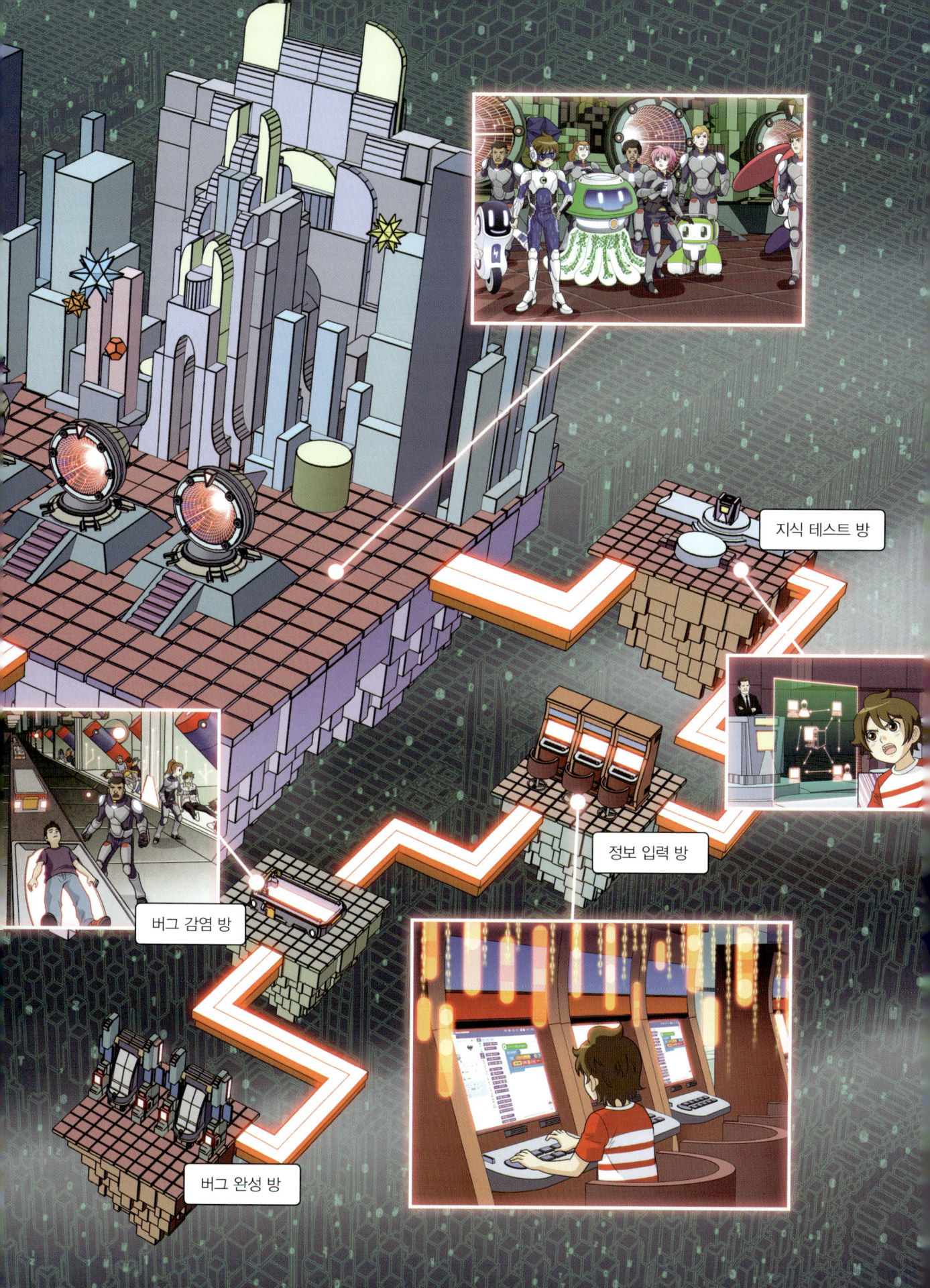

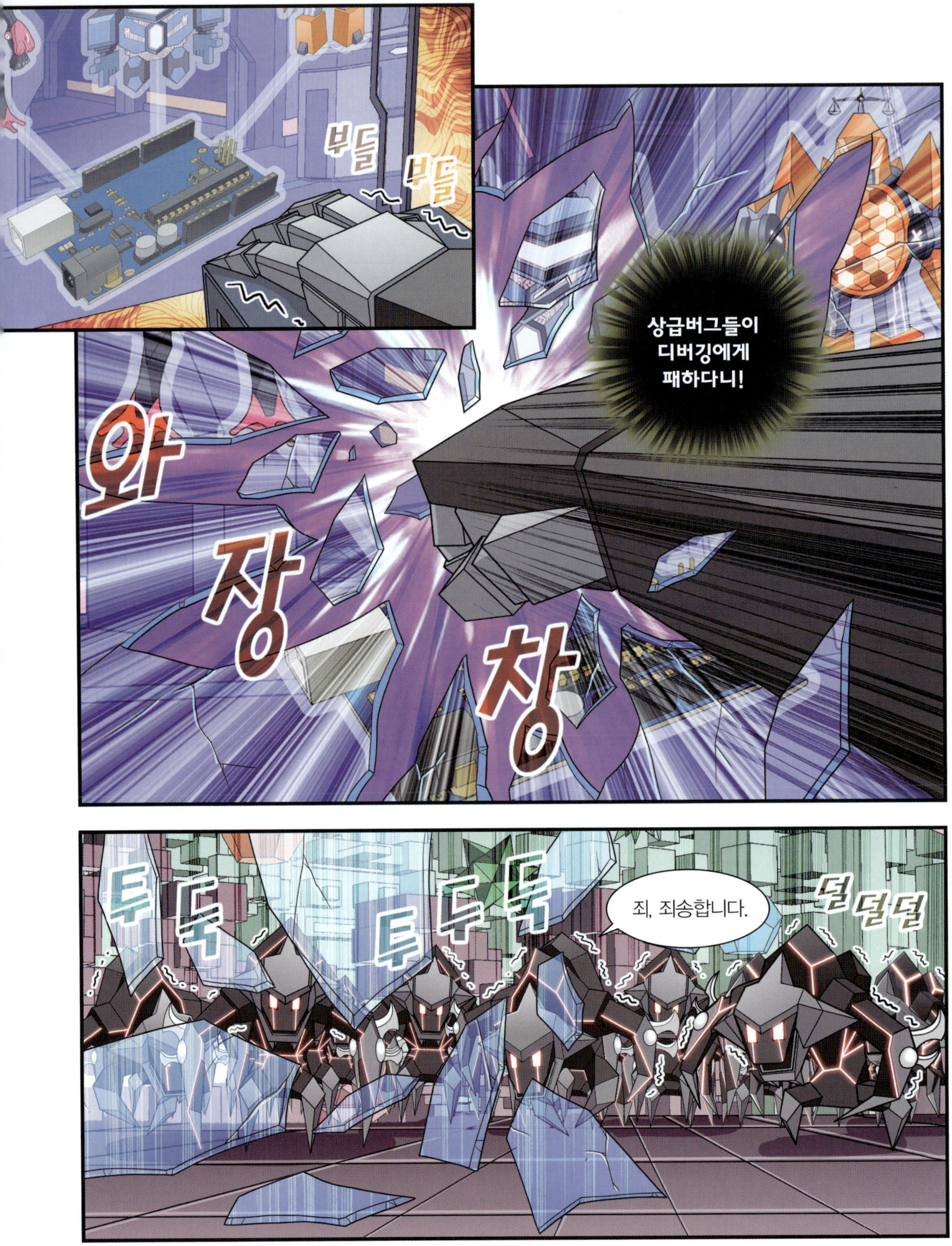

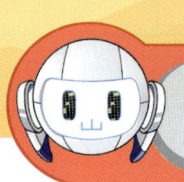

만화 속 개념 1
컴퓨터가 고장 났다면?

버그

컴퓨터 개발자인 그레이스 하퍼가 컴퓨터 오작동의 원인을 파악하기 위해 컴퓨터 내부를 살피던 중 회로 사이에 나방이 끼어 있는 것을 발견합니다.

컴퓨터를 고장 나게 하는 버그와 바이러스는 무슨 차이가 있을까요?

컴퓨터나 스마트폰과 같은 컴퓨터 기기를 이용할 때 이유 없이 오류 메시지가 출력되거나 오작동하는 경우를 종종 경험해 봤을 거예요. 이런 현상은 단순히 기기가 오래되어 고장을 일으킬 수도 있지만, 이보다는 우리가 사용한 기기의 하드웨어나 소프트웨어 자체에 결함이 있어 문제를 일으키는 경우가 더 많답니다. 예를 들면, 버튼의 단추가 고장 나서 명령을 수행하지 못했을 때를 하드웨어의 결함으로 볼 수 있고, 기기의 프로그램을 업그레이드를 하던 중 일부에 잘못된 코드가 들어 있다면 소프트웨어의 결함으로 볼 수 있어요.

이처럼 하드웨어와 소프트웨어를 구성하고 있는 프로그램의 내용 중 잘못된 코드로 인해 컴퓨터의 오류나 오작동이 일어나는 것을 버그(Bug)라고 부른답니다.

바이러스

우리는 인터넷으로 방대한 자료를 쉽게 얻을 수 있지만, 반면에 알 수 없는 바이러스에 의해 어렵게 모아 둔 자료를 한순간에 빼앗길 수도 있어요.

라틴어로 독을 뜻하는 비루스(virus)에서 유래된 바이러스는 생물에게 질병을 일으킬 수 있는 아주 작은 크기의 입자입니다. 컴퓨터 바이러스 또한 사용자 몰래 다른 파일이나 프로그램을 감염시키고, 정상적인 데이터를 파괴하지요.

특히, 컴퓨터 바이러스는 자기 복제를 할 수 있다는 큰 특징을

가지고 있어요. 만약 바이러스가 심어진 사이트에서 자료를 다운 받는다면, 다운 받은 하나의 파일에 의해 내 컴퓨터의 다른 파일이나 프로그램이 감염 될 수도 있다는 이야기지요. 만약 컴퓨터가 바이러스에 감염되었다면 컴퓨터를 부팅하는 데 많은 시간이 걸리거나, 프로그램이 잘 실행되지 않거나, 화면에 이상한 글씨가 나타나는 등 여러 증상이 생길 수 있어요.

바이러스 종류

컴퓨터에 악영향을 끼치는 악성 바이러스에는 컴퓨터의 시스템을 파괴하거나 작업을 방해하는 웜바이러스, 유용한 프로그램처럼 위장하여 사용자가 실행하도록 유도하는 트로이 목마 등이 있으며, 다른 사람의 컴퓨터에 침입해 중요한 개인 정보를 빼 가는 스파이웨어, 사용자의 정보는 빼앗아가지 않지만 광고만 보여 주는 애드웨어 같은 바이러스가 점점 많아지고 있답니다. 사람 몸에 들어와서 병을 옮기는 바이러스처럼 컴퓨터 바이러스도 자기를 복제하면서 여러 프로그램이나 데이터를 망가뜨릴 수 있어요. 바이러스에 감염되는 것을 예방하기 위해서는 운영 체제와 백신 프로그램을 주기적으로 업데이트하고, 검증되지 않은 사이트를 방문하거나 불법 다운로드를 하지 않아야 한답니다.

계산 블록 익히기

계산버그의 등장으로 코딩맨이 위기에 처했어요. 코딩맨이 계산버그를 무찌를 수 있게 계산 블록을 공부해 봅시다.

1 다음 계산 블록을 눌러 보고 알맞은 결과 값을 짝지어 보세요.

(1) `5 + 8` •　　　　　　　　　• A 입력된 값을 계산한다.

(2) `0 부터 10 사이의 무작위 수` •　　　　• B 입력한 두 개의 문자열을 하나로 합친다.

(3) `안녕! 과(와) 엔트리 를 합치기` •　　　　• C 입력된 수의 범위 안에서 임의의 수를 추출한다.

2 다음 오브젝트를 보고, Ⓐ 에 알맞은 계산 블록을 찾으세요.

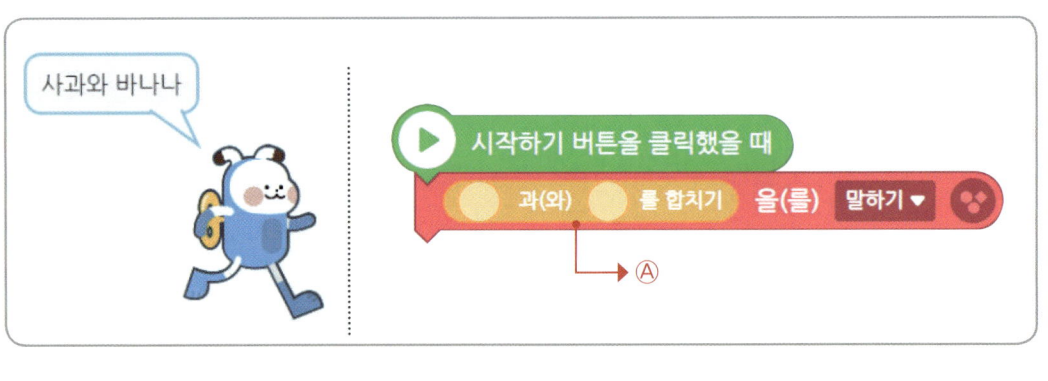

① `10 + 10`　② `엔트리 의 글자 수`　③ `사과 과(와) 바나나 를 합치기`

▶ 코딩맨 워크북 2

덧셈 계산하기

내가 입력한 숫자에 더한 값을 엔트리봇이 말하게 하려면 어떤 블록을 이용해야 할까요? 다음 문제를 풀면서 함께 코드를 만들어 봅시다.

❶ 먼저, 덧셈 계산기는 아래와 같은 순서로 만들 수 있어요.

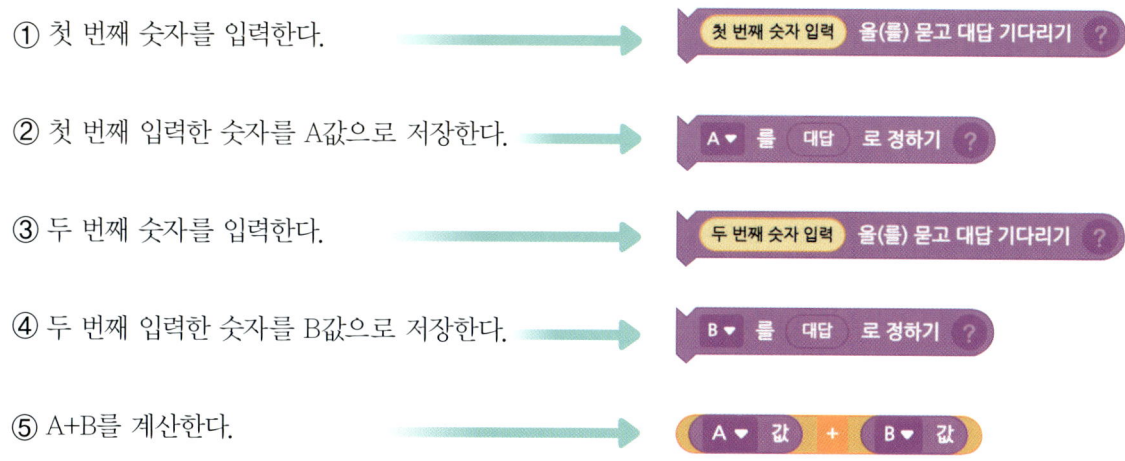

① 첫 번째 숫자를 입력한다.

② 첫 번째 입력한 숫자를 A값으로 저장한다.

③ 두 번째 숫자를 입력한다.

④ 두 번째 입력한 숫자를 B값으로 저장한다.

⑤ A+B를 계산한다.

❷ 오브젝트가 덧셈한 값을 <u>말하려고</u> 해요. 아래에서 반드시 필요한 블록을 골라 ○표 하세요.

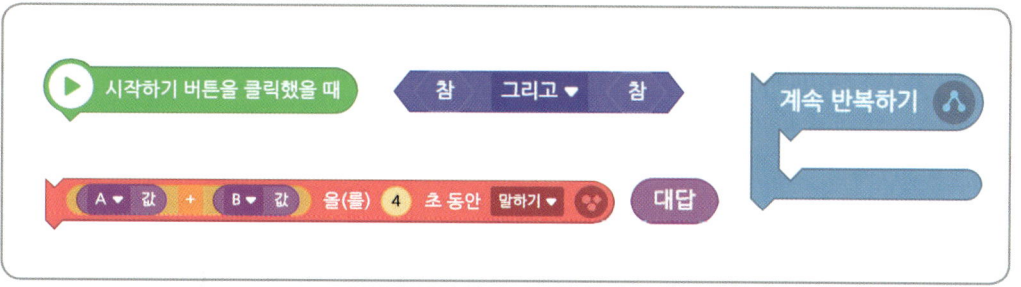

❸ 1, 2번 블록을 이용하여 순서대로 코딩하세요. 엔트리봇이 입력한 숫자대로 덧셈을 하나요?

코딩맨 워크북 **177**

코딩맨 워크북 3

나이 비교하기

강민은 열한 살, 레이카는 열두 살이에요. 두 사람의 나이 차이는 한 살이지요. 그렇다면 원주민과 어린 탐험가는 몇 살 차이가 날까요? 나이를 비교하는 코드를 만들어 봅시다.

❶ 무대와 나이를 비교할 수 있는 오브젝트를 불러오고, 어떤 순서로 코드를 만들지 생각해 봐요.

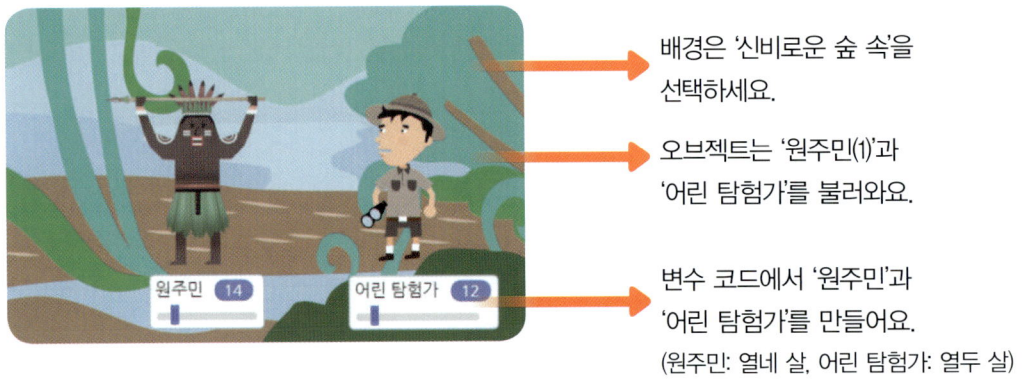

- 배경은 '신비로운 숲 속'을 선택하세요.
- 오브젝트는 '원주민(1)'과 '어린 탐험가'를 불러와요.
- 변수 코드에서 '원주민'과 '어린 탐험가'를 만들어요.
  (원주민: 열네 살, 어린 탐험가: 열두 살)

① 원주민과 어린 탐험가의 나이를 자유롭게 설정할 수 있도록 변수를 만든다.
② 원주민과 어린 탐험가가 나이를 각각 이야기한다.
③ 만약, 원주민의 나이가 어린 탐험가 나이보다 많다면 원주민 나이 – 어린 탐험가 나이
④ 만약, 원주민의 나이가 어린 탐험가 나이보다 적다면 어린 탐험가 나이 – 원주민 나이

❷ 다음 블록들의 이름을 각각 적어 보세요.

❸ 다음 원주민의 코드를 보고 질문에 답하세요.

(1) Ⓐ블록에서 원주민은 무엇이라고 말하나요?

----

(2) 원주민이 "내가 두 살 더 많네!"를 말하려면 Ⓑ블록에 어떤 변수 블록이 들어가야 하나요?

❹ 어린 탐험가 코드를 보고, 흐름 블록이 쓰인 이유를 적어 보세요.

코딩맨 워크북 179

정답 및 해설

176쪽

1. (1) – A / (2) – C / (3) – B

2. ③

177쪽

1. 생략

2. [A▼ 값 + B▼ 값 을(를) 4 초 동안 말하기]

→ 덧셈 값을 말하려면 생김새 블록이 필요하다.

3. [시작하기 버튼을 클릭했을 때]
   [계속 반복하기]
   [첫 번째 숫자 입력 을(를) 묻고 대답 기다리기]
   [A▼ 를 대답 로 정하기]
   [두 번째 숫자 입력 을(를) 묻고 대답 기다리기]
   [B▼ 를 대답 로 정하기]
   [A▼ 값 + B▼ 값 을(를) 4 초 동안 말하기]

178쪽

1. 생략
   → 무대와 오브젝트 두 개를 설정한다.

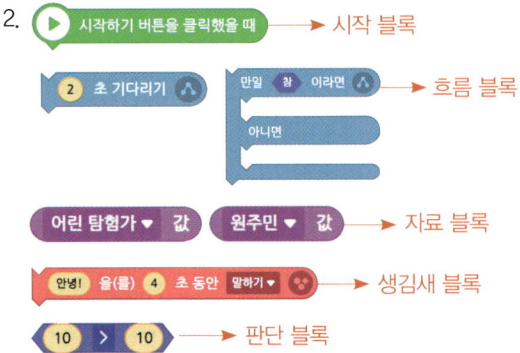

179쪽

3. (1) 내 나이는 열네 살이야!

   (2) [원주민▼ 값 > 어린 탐험가▼ 값]

4. 모범 답안
   원주민이 말하고 2초를 기다린 후에 말하기 위해서 흐름 블록을 삽입하였습니다.

오덕희가 알립니다

코딩맨 9권에서는 새로 탄생한 상급버그를 통해 **변수, 계산, 판단 블록**이 무엇인지 자세히 알 수 있었어요. **엔트리 실행카드**를 통해서도 코딩을 배울 수 있다는 사실, 잊지 마세요~!

9-1 엔트리 실행 카드

빨대 측정하기

엔트리 봇이 걸음 수로 길이를 재려고 해. 엔트리 봇의 걸음이 얼마인지 살펴보자.

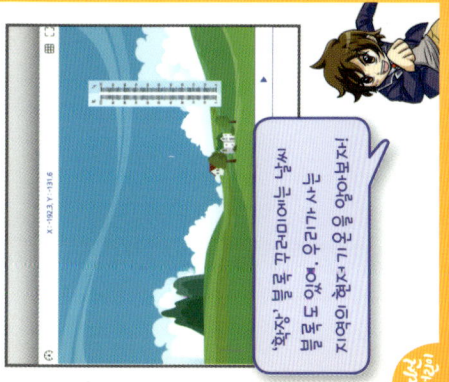

9-2 엔트리 실행 카드

계산과 판단 블록

엔트리 봇이 숫자 크기를 판단하고, 계산도 할 수 있어.

9-3 엔트리 실행 카드

덧셈하기

더해 볼까?

9-4 엔트리 실행 카드

타이머 말하기

시간이 얼마나 흘렀는지 코딩할 수 있어.

9-5 엔트리 실행 카드

거꾸로 숫자 세어 보기

실행 영역에서 나의 변수를 보고 싶다면, '속성' 탭의 변수에서 (👁)를 클릭해.

9-6 엔트리 실행 카드

이름 묻고 답하기

이번 카드에는 자료+계산 블록이 있어. 어떤 특징이 있는지 알아보자.

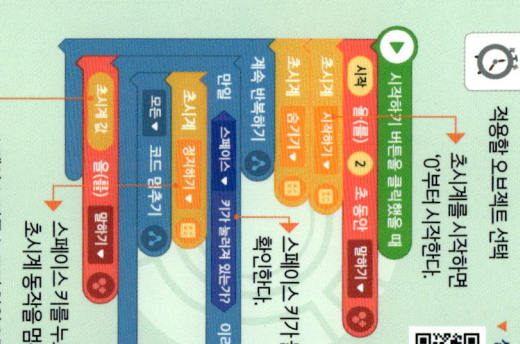